「こち亀」の両さんのビジネスをマーケティング的に分析してみた

Hamahata Futoshi
濵畠 太

SOGO HOREI PUBLISHING CO., LTD

はじめに

2016年9月、1つの人気マンガが40年にわたる長期連載にピリオドを打ちました。その名は『こちら葛飾区亀有公園前派出所』（以後、「こち亀」）、主人公の名前は「両さん」こと両津勘吉です。

1976年（昭和51年）から一度も休むことなく連載が続き、全200巻という、他作品の追随を許さない大記録を打ち立てたことをまずは称えたいと思います。

これは本当にすごいことです。ギネスブックに認定された200巻という巻数もそうですが、数あるギャグマンガの中の1つに過ぎない「こち亀」の終了が各メディアで大々的に取り上げられました。まさに「国民的マンガ」であることの証でしょう。

では、「こち亀」が長く続いた「理由」は何なのでしょうか。

答えは一概に言えません。複数の要素が絡み合った結果なのでしょうが、今回あらためて全200巻を読み返してみると、以下の2点が重要であることがわかりました。

1つは「**簡潔**」であることです。

これは「完結」と言い換えることもできます。「一話完結」というベースの上に色々な要素を配置しています。

「こち亀」は、各エピソードにおいてリアルな生活感をフルに表現することで、主人公の両さんが破天荒かつ非現実的なキャラクターであるのにも関わらず、あたかも隣にいる近い存在のように錯覚させてくれます。

そして、各エピソードごとに切り口を変えて、「懐かしさ」を描くときもあれば、「最先端」を描くときもあります。「適当さ」が際立つときもあれば、「精鋭さ」を徹底するときもあります。読者は次の話に過度の期待と親近感を持ちますが、それを充分に飲み込むような包容力で切り替えします。

もう1つは「**進化**」でしょう。

各エピソードが描かれた時代における象徴的な「出来事」「もの」「言葉」をふんだんに盛り込み、その都度新鮮なストーリーと新たな登場人物を投入し描いています。

つまり、現実を生きている読者（消費者）の感性に寄り添っているのです。もちろん、両さん自身も同じように自身の破天荒さに強弱をつけ、タバコを止めたり、発砲を自粛（?）

したりと、時代の流れにマッチさせているところがあります。設定や進行そのものをチューンナップして「現代」に合わせているということです。

とりわけ、ホビーやメカに関する両さんの無駄なほどマニアックな情報量は、背景の奥深さと許容範囲を拡げています。これによって今の若い読者、昔からのファンのどちらも安心して話題に入り込むことができる入口が作られています。

考えてみれば、この「簡潔」と「進化」という2点は、マーケティングや広告宣伝にとても重要な要素です。

それでも、両さんが40年間変えずに最後まで徹底して貫き通した性格が1つだけあります。それは「**お金への執着**」です。

これは格好良く言えば「**ビジネスの才能**」です。長い連載の間に少しずつレベルアップ（エスカレート）していますが、作品の中で変わらない1つの芯のようにブレることなく存在しています。両さんはとにかく稼ごうとします。ビジネスを発展させようとします。私はいつも「両さんは有能なイノベーターとマーケターが合体したような人だ」と感じていました。

今回は、その40年変わっていない両さんの「**ビジネス的采配**」に注目します。

ファンの間ではすでに有名な話ですが、「こち亀」にはビジネスやマーケティングにつながる要素がたっぷり入っています。「ただのマンガでしょ？」と偏見を持って決めつけている人がいるとしたら、その考え方はマーケターとして相応しくありません。

マーケティングが大学教授やコンサルタントなどの偉い先生からしか学べないなんて寂しい考え方です。現実の社会においても、時には年下の後輩が教えてくれることがあり、子供の思いつきがヒントになることもあります。未経験者や主婦の意見が素晴らしいこともあります。つまり、マンガの主人公がマーケティングを教えてくれることがあっても当然なのです。「スカイツリーから見下ろす亀有」と「亀有から見上げるスカイツリー」とでは同じ距離からの眺めでもそこから得られる「気づき」や「学び」がまったく違うように、一方的な情報だけで決めつけた「勝手な解釈」で気づきや学びを得ることはできません。「こち亀」を「ただのギャグマンガ」として見下ろすことなく、ビジネスやマーケティングに使えるエッセンスが詰まった「バイブル」だと思って見上げてみる。そんな目で全200巻を読み返すと、それはもうヒントの宝庫です。

本編では、両さんのお金への執着のすごさについては少し緩和する必要がありましたが、そもそも私たちが日々行っている仕事も、「世の中の役に立ちたい」「お客様の喜ぶ顔が見たい」といった美しいミッションがある一方、「利益を生む」という絶対条件があることに変わりありません。つまり、お金を意識しなければビジネスではないのです。

その意識を明確に持って、消費者に向き合い、自らの能力に向き合い、仕事に、収益の可能性に、そして、未来に向き合うのが、両さん流のマーケティングなのです。

選りすぐりとはいえ、本書で導き出したのは「こち亀」全200巻に収録された1960エピソードの中、ほんの一部分にすぎない50エピソードです。

しかし、あらためて読み返してみて、両さんの絶対的独自性とアイデアを具現化する力は、マーケティングの先生と呼ばれる人とは一味違う学びが充分にあると確信しました。本書では、それらを私なりの解釈と判断をもって紐解いていきます。

2016年12月吉日

濵畠 太

もくじ

第1章　両さんから学ぶビジネス成功のポイント

CONTENTS

第3章　マーケティングはタイミングが命

第4章 マーケティングはターゲットが重要

第5章　世の中に受け入れられるものを先読みする

第6章　徹底したこだわりがビジネスの成功につながる

編集協力　山中勇樹
ブックデザイン　土屋和泉
本文ＤＴＰ　横内俊彦

第1章

Analysis of Kochikame's Marketing

両さんから学ぶビジネス成功のポイント

01

柔軟な姿勢から"価値"が生まれる

KOCHIKAME's Episode

第47巻

「柔硬ちょうだい!?の巻」

一流大学出で優秀だがガリ勉タイプで融通の利かない少年課の新人警官・真締《まじめ》。彼の頭をやわらかくして欲しいということで、両さんは指導を受け持つことになる。「競馬などやったことがない」と言う真締に、趣味の広さは人間の豊かさにつながると説得力をもって教え諭す。仕事をさぼって昼寝、パチンコ、夜のキャバレーと真締を連れまわす両さん。1週間後、両さんの影響を受けすぎて、仕事を全然やらなくなり人間がまったく変わってしまった真締がいた。

顧客の立場で考える

職業柄、警察官が相対する人というのは、千差万別です。少年課であればときには不良少年を相手にしなければなりません。そのときに、彼らが好きなマージャンであったり、バイクであったり、あるいは競馬の経験や知識がなければ、対等に渡り合うことはできません。そこで両さんは、ガリ勉タイプの新人警官・真締に対して、次のように諭します。

両さん「お前マージャンできるか?」
真締「いいえ!　マージャンなど不良のやるものです　さわった事もありません」
両さん「その不良を扱うのがお前のいる少年課だろ!　マージャンも知らないでそいつらの気持ちなど理解できるはずない」

人を動かし説得するために必要なのは、「**相手の立場にたって物事を考える姿勢**」です。その姿勢がなければ、他人を説得することはできないでしょう。それはビジネスにおいても同様です。顧客のことを考えず、自分たちの立場からのみ商品やサービスをつくってしまえば、お客さまから選ばれることはないのです。大切なのは顧客志向です。

多角的な視点からイノベーションが生まれる

さらに両さんは、部長らを説得するために次のように述べています。

「部長やそいつの様に学校の勉強だけつみこまれた人間は杓子定規の損得主義ばかりじゃないすか!」

「正面ばかりでなくいろんな方向から物を見ないとわからんでしょうが　真理というものは!!」

「**多角的な視点から物事を考える**」という発想はマーケティングにおいても重要です。自らの業界や職務の知識を蓄えるのは当然です。ただ、それだけでは面白みに欠けますし、周囲とのコミュニケーションロスも生まれてしまいます。そこからイノベーションや斬新な企画が生まれる可能性は少ないでしょう。

既存の携帯電話ばかり見ていては、キーボードをなくすという「iPhone」の発想は生まれません。視力のことだけ考えていては、「PCメガネ」という新しい需要を喚起することはできないのです。イノベーションの種を求めて、外に目を向けるようにしましょう。

人間的魅力を養う方法とは

「私のように自分で見て聞いて知って自分で判断してこそ鋭い発想力想像力をもった人間になれるのです！」

一律の学校教育からしか学んでいなければ、基本的な業務はできても、不測の事態に対処することは難しい。しかし、現実のビジネスは不確定要素や正解のない問題ばかりです。だからこそ、幅広い経験が必要なのです。

リーダーに求められるのは、基本的な知識や技術だけでなく、あらゆる状況に対処し、社員の気持ちを考えられる**人間的魅力**です。

02

既存のビジネスルールにこだわらず、自分が勝てるルールに変えてしまう

KOCHIKAME's Episode

第163巻「将棋革命の巻」

両さんは将棋の駒4組と将棋板2枚を使った大々将棋を思いつき、部長に勝負を挑み勝利する。これに気をよくした両さんは、さらに4枚の王様を影武者にした「全員影武者作戦」で纏にも勝利する。この将棋と作戦で大坂の御堂春に勝負を挑む。しかし、大阪ではすでに駒8組、将棋板4枚を使った大々々々将棋をやっており、あっさりと負けてしまう。それでも両さんはめげずにあらたなルールを思いつき将棋をするのであった。

自分が勝てるルールに変える

誰かが用意したルールというのは、そのルールを設定した人（ゲームマスター）に有利なことが多いものです。なぜなら、すべてのゲームにおいてそうですが、勝たなければ意味がないからです。「勝てば官軍負ければ賊軍」というわけです。

ビジネスをゲームとしてとらえてみると、既存のルールのなかで、いかに勝ち抜けるかがポイントになります。この場合のルールとは、法律や社則だけでなく、慣習や常識、通例のようなものも含まれます。ただ、すでに用意されたルールで勝負するとなると、ルールのスキマを見つけないかぎり、先行者を出し抜くことはできません。

その点、既存のルールでは勝てないと判断し、新しいルールをつくってしまう人は強いです。携帯市場で勝負するのではなく、スマートフォンを生み出した企業はどんどん大きくなっています。**新しいルールの作成とは、つまりイノベーション**なのです。

自分たちにとって有利な状況をつくりだそうとすることは、勝利するために欠かせない発想なのです。

既存の強者に対抗するために

盤面にスキマがないほど埋め尽くされた「大将棋（大々将棋）」においては、既存のルールが通用しません。戦略的に駒を進めるというよりは、「取った・取られた」のやり取りをくり返し、最終的に攻め続けた者が勝てるゲームです。

このようなスタイルが自分に向いていると判断した両さんは、さっそく、百戦錬磨の部長に挑戦。見事、勝利をおさめることができたのです。これこそまさに、ルールを変えたことによる勝利です。

すでに競合他社が多数存在している市場というのは「**レッドオーシャン**」と呼ばれています。その市場に参入したとしても、競争が激しいため、勝つことは難しいです。であるのなら、他の市場を見つけるかルールを変えてしまうのが得策です。誰も参入していない市場をつくりだすことができれば、そこが「**ブルーオーシャン**」となります。競合他社が存在しておらず、しかも自社に有利なルールを設定できるので、勝ち続けることができるのです。

勝利への執着が勝ち(価値)を生む

「本将棋の『大将棋』おもしれえ　こっちのがわしはとくいだ」

通常の将棋では勝てない。ならば、ルールを変更して自分が得意なものに変えてしまおう。ビジネスにおいては、このような考え方が大事です。なぜなら、ビジネスにおける負けは、ステークホルダー（利害関係者）に損をさせてしまうことになるからです。

もちろん、ビジネスをしていて「負けてもいい」と考えている人はいないでしょう。ただし、「できるなら勝ちたい」という発想では、厳しい社会を生き抜いていくことはできません。「**どうすれば勝てるのか**」「**どうすればより有利になるのか**」。そのような発想をつねに持ち続けることが大切なのです。

03

資金や人的資源が乏しければ、人脈をフル活用する

KOCHIKAME's Episode

第133巻

「ケーブル王両津!の巻」

亀有ケーブルテレビの番組に出演した両さん。亀有ケーブルテレビの加入者が少ないことに驚き、アドバイスをする。そのアドバイスのおかげで次第に加入者が増え、放送エリアも拡大していく。さらに両さんファンの海外セレブの協力も得て、世界規模のテレビ局に成長する。両さんは警察官を辞め、社長になったが、周りの意見を聞かず、ワンマン経営で人望を失い社長をクビになってしまう。

ローカル局が成長するためには

地方のローカル局に対して技術指導することになった両さん。加入数はわずか38件で、一日の放送はたったの6時間。ここから、どうやって盛り上げればいいのか苦慮します。では、この場合、テレビ局を盛り上げるポイントはどこにあるのでしょうか。加入者を増やすために必要なのは、「①放送時間の拡大」「②コンテンツの充実」「③継続的に見てもらえる仕組みづくり」の３つです。

ユーザーにはそれぞれの生活スタイルがあります。しかも他局では無料で面白い番組をやっている中で、同じ番組をくり返し放送しているだけでは、ユーザーは満足しません。放送時間を拡大すれば、それだけでサービス内容が充実します。

「とりあえず最低12時間放送にする」

また、無料の民放とは異なり、有料のケーブルテレビが加入者を獲得したいのであれば、有料ならではのコンテンツが必要です。要するに、「お金を支払ってでも見る価値がある」番組を配信しなければならないのです。ここでは「エリア限定」ということを長所にするしかないでしょう。自分の知る町、人、情報が放送されているなら、見たくなります。

そして3つ目は、加入してくれたユーザーに対し、継続的に利用してもらえる施策です。たとえば、ドラマのように継続して見たくなるコンテンツの配信や、他にはない独自番組の制作、あるいはスポーツなどの独占放送権の獲得が考えられます。有料なので「ながら視聴」ではなく、「見る理由」を与えなければなりません。

これらの施策を組み合わせることで、加入者の増加が見込まれます。

人脈を活かしてサービスを拡大

ただし、使える資源は限られています。そこで両さんが活用したのは人脈です。大企業の御曹司である中川の協力で、海外テレビドラマの放映権を買い取り、まずは女性の支持を獲得。女性は口コミを誘発しやすいという特徴を加味した、両さんの戦略でした。

「女性に人気のドラマをラインナップしてるからな　予定どおりだ」

女性の支持を得たあとは、男性ユーザーの取り込みです。またまた中川の協力を得て、サッカー、大リーグ、ＮＢＡなど、プロスポーツの独占放送権を獲得していきます。

両さんの場合、もっとも難しいコンテンツの拡充において、人脈を生かして乗り切りました。資金や人的資源がとぼしいときこそ、人脈が生きてくるのです。なぜなら、起業当初は経営資源がとぼしく、人脈が問題を解決するカギとなるからです。

独裁的にならないこと

カネや地位に目がくらんだ両さんは、やがて独裁的な経営をするようになります。すると、周囲の協力者は手を引きはじめ、ついに株主総会で社長をクビになってしまいました。

人脈は、活用するだけでなく、維持していくことが大切です。両さんのように私利私欲にとらわれてはいけません。やはり、感謝の気持ちや世の中を良くしたいという熱意をもってビジネスを進めていくべきであると言えそうです。

04

勝つことにこだわって、強い執念を燃やす

KOCHIKAME's Episode

第124巻

「由緒正しき江戸野球!の巻」

両さんは、強い婦警チームとの野球の試合でチームのモチベーションを上げるために、失点ごとに服を脱いでいくルールの試合を提案する。これにやる気を出した男性チームは得点を重ねるが、守りはいまいち。そこで、失点の分、服を脱いでわざと下半身裸になり女性の気を散らせる作戦に出る。その様子が海外のスカウトマンの目にとまり、1億円でスカウトされる。しかし、大リーグの選手ではなく、ヌーディストビーチでの全裸野球の選手。しかも1億円は100年で1億円、つまり年俸にすると100万円という契約だった。

相手の弱みにつけ込む

ビジネスは他社との競争です。マーケティングが必要とされるのも、「**いかに競合他社より価値のあるものを提供し、多くの顧客を獲得できるか**」という、企業本来の目的のためにあるのです。

とくに両さんの考え方は、勝つことに強い執念をもっているという点からも、マーケティング的であると言えそうです。本作においても、「**どうすれば相手に勝てるのか**」を最優先に考えています。

しかし、今回の相手は、オリンピックに出場した経験もある選手を交えた、女子野球部とのバトル。必死に抵抗するものの、すでに1敗。勝利条件は2勝先取なので、あとがありません。そこで両さんが考えたのは、「女性ならではの弱み」です。具体的には、失点するごとに身に着けている物を脱いでいく「野球拳（江戸野球）」を提案したのでした。

「お前らどうせ完封だろ　いつも」

相手の弱みを分析し、勝利を勝ち取る姿勢は、マーケティングにおいても重要です。

社員のモチベーションをいかに高めるか

野球というチームスポーツにおいては、有利な条件で戦うということだけでなく、チームの結束が欠かせません。一人ひとりのモチベーションが低ければ、相手から勝利をもぎ取ることはできないのです。

一方で、チームメイトのやる気を高めることができれば、それぞれの実力をはるかに超えたチームプレイも可能となります。だからこそ、監督あるいはキャプテンは、メンバーのモチベーションを高められるかが大事なのです。企業経営でも同じですね。

「ユニフォームの下はすぐ下着だ！　2点とれば下着姿《ランパブバージョン》だ　満塁ホームランで全員全裸だ」

攻めだけでなく守りも全力で

「お前ら攻める時だけ全力だすな　守る時も全力だせ！」

マーケティングの理論に「**パレートの法則**」（20対80の法則）というものがあります。これは経済学者のパレートによって提唱されたもので、「上位20％の顧客が売上の80％を占めている」という法則のことです。

この法則からすると、「上位2割の顧客にだけ最高のサービスを提供していればいいのでは？」とも考えられます。しかし、上位2割の顧客しか残らなければ、その2割のうちさらに2割の顧客しか優良顧客になりません。残り8割の顧客がいるからこそ、2割の優良顧客が存在しているのです。いつでも全力を尽くすこと。攻めだけでなく守りもおろそかにしないこと。盤石な地位というものは、そのような姿勢があってはじめて保たれます。

ちなみに、クラウゼヴィッツの『戦争論』によると、「防衛戦はマーケットリーダーがとるべき」「強力な競争相手の動きは必ず封じること」などのポイントがあるとされています。

05

自分の強みに着目し、その強みをマネタイズする努力を重ねる

KOCHIKAME's Episode

第62巻「THE両産カー!?の巻」

両さんは中川と一緒に近所にできたおもちゃ屋「ファンタジーランド」へ行く。そこでスロットルレーシングについての両さんの技術にほれ込んだ社長がマシン製作を依頼。そのマシンが大会で優勝すると、「両津チューン」ブランドでオリジナルマシンの販売をすることになる。そして商品の発表会、デモンストレーションでモーターに負荷がかかり、車が火を出してレーシング場が焼けてしまう。結局、損害額の返済のため、両さんはファンタジーランドで働くことになってしまう。

「おもちゃの天才」という強み

おもちゃ屋に来ていた子ども「あのお巡りさんはおもちゃの天才なんだよ」

ファンタジーランドをおとずれた両さんは、スロットレーシングで店長を驚かせます。しかし、両さんにとってそれはあたり前のこと。なぜなら、子どもの頃から親しんできたものだから。つまり、それが両さんの得意分野、言い換えれば強みだったのです。

マーケティングにおいて、自分の強みを生かす方法論に「**SWOT分析**」があります。SWOT分析とは、強み（Strengths）、弱み（Weaknesses）、機会（Opportunities）、脅威（Threats）という4つの指標をマトリクスにとり、自社にとって最適な戦略を導く手法です。ちなみに、「強み」と「弱み」は内的要因、「機会」と「脅威」は外的要因と言います。

このうち、とくに「強み」は、マーケティングにおいて重要な指標です。なぜなら、弱みを補てんすることよりも、強みをさらに強くすることでオリジナリティが生まれ、競争に勝ち抜く可能性が高まるからです。具体的には、「強み」と「機会」の重なる部分で積極的に攻め、「強み」と「脅威」が重なる部分で差別化を実施します。

特技を生かしてマネタイズ

自社の強みに着目し、その強みをマネタイズする努力を重ねれば、ビジネスはより加速していきます。長所はどのようなものでも構いません。PR効果のありそうなネタでも、他者に負けない技術力でも、いいのです。

自社の長所を最大限に生かすことができているかをチェックし、棚卸しすること。そして、それらを収益につなげるためにはどうすればいいのかを考え続けること。それもまたマーケティングです。

もちろん、人によって価値観は異なるため、すべての人が強みを評価してくれるとは限りません。評価してくれる顧客もいれば、評価してくれない顧客もいるでしょう。しかし、価値があると感じる人が少しでもいれば、マネタイズは可能です。

店長「うちの会社との専属契約料として2000万円の小切手を用意してきました！」

両さん「部長！　これが才能というものです　わかりましたね！」

大切なのは、誰にとって価値があるのかを知ること。そして、その相手に対して、自社の価値を正しく伝え続けることです。

強みを生かせなければ意味がない

部長「才能があってもそれを生かせるかどうかは別問題だな　両津！」

どんなに優れた技術やノウハウがあっても、それを生かせなければ意味がありません。ましてや、顧客に損害を与えてしまうような技術では、本末転倒です。

どうすれば自社の技術を生かせるのか。より顧客に喜んでもらうためには何が必要か。正しい方向性を保ちつつ、誠実なマーケティングを実践していきましょう。そのような姿勢がなければ、両さんのように、顧客に損害を与えて多額の借金を抱えてしまうことになるかもしれません。

06

失敗を恐れずに、とにかくやってみる

KOCHIKAME's Episode

第91巻

「突撃!・電波・両さん!?の巻」

両さんはアダルト番組を寮のみんなからお金をとって見せるために、CS放送の受信を始める。中川から海外の番組の情報を聞くと、それらをすべての番組を受信するため大型のパラボラ・アンテナを何台も寮の屋上に設置する。さらに、安定した受信をするために衛星を停止させる計画までたてる。さらに、海外放送を有料化したり、海外ドラマをダビングして販売しようとする。しかし、台風がきて大型のアンテナは飛ばされ、衛星も墜落させてしまうのであった。

目的を達成する執念

どうしてもCS放送が見たい両さんは、友人のマニアにCS用のチューナーをもらいに行きます。当初はBS（Broadcast Satellite 放送衛星）とCS（Communication Satellite 通信衛星）の違いもわからなかったのですが、あきらめることなく突き進んでいきます。

優秀なビジネスパーソンには、みな、この両さんのような**「やりきる力」**が備わっています。では、なぜやりきる力が必要なのか。それは、ビジネスを遂行するうえで、さまざまな障害があるからです。たとえば、業界の慣習、しがらみ、競争、競合他社の算入。それらを乗り越えなければなりません。

つまり、やると決めたら「やる！」精神が大事なのです。やらない選択枝をいつまでも抱えていると、物事は前に進みません。失敗をおそれず、とにかくやってみること。自分の力では達成できそうにないのなら、友人や知人の協力をとりつけること。そのような姿勢が必要です。

失敗を恐れるならば、マーケティングや新しいものを創ろうとする挑戦は止めて、昔ながらの事業を進めていけばいい。しかし、それでは、いろいろな点において妥協しなければならないでしょう。あなたはどちらの生き方を選びますか？

人の心理を考慮した価格設定

友人の協力もあり、無事にCS放送が見られるようになった両さん。せっかく苦労して手に入れた技術であり、希少価値もあるため、今度は自宅で上映会を開くことに。もちろん有料です。一人1時間あたり３００円。それでも、10人集まれば３０００円です。

「一時間300円だからね　延長は30分100円だよ」

このビジネスのポイントは、人が集まれば集まるほど利益があがるということ。そして視聴者は、途中で見るのをやめるという決断が難しいため、ズルズルと料金を支払い続けてしまいます。その結果、両さんの懐はうるおいます。もちろん、撮影は禁止です（映画と同じですね）。

さらに両さんは、アメリカでしか見られない番組があると聞きつけ、海外衛星からの電波を直接、受信する方法を探します。かなり専門的なテクニックが必要なのですが、中川からじっくり話を聞き、友人の助けも得て実行に移します。

すべては海外の番組が見たいため。そして、お金を稼ぎたいがための行動です。

時間単位のビジネスから多角化へ

独自のルートからパラボラ・アンテナなど、多数の機具を買いつけた両さん。その結果、寮の屋上はアンテナだらけになってしまいました。もちろん、両さんはみんなの苦情など受けつけません。

最初は有料で見せていただけの海外放送も、パラボラ・アンテナの有料レンタルや有線での貸し出し、さらには海外ビデオの販売など、どんどん多角化していきます。ひとつの技術からさまざまな収益化を実現するあたり、両さんのビジネスセンスはさすがです（法的な問題はありますが……）。

ついには、楕円軌道衛星を静止衛星に変換（強引に）。凄まじい執念です。

07

発想を変えて、新たなターゲットを探す

KOCHIKAME's Episode

第171巻

「仏像ブームの巻」

仏像ブームと知った両さんは木彫りの仏像づくりをする。大量生産する方法を思いつくが、本物の仏像造型師の作品にうしろめたさを感じ、ロボットの仏像その名も「絽模物像（ロボぶつぞう）」を思いつき、大ヒットする。勢いに乗った両さんは新たなターゲットを開拓するために、『美形仏像』『冥土観音』とさまざまな「物像」をリリースしていった。しかし、CM撮影中にトラックにひかれてしまう。それでも、事故を逆手にとり、新しいグッズを思いつき商売をするのだった。

仏像ブームという商機

中川「今　若者の間で仏像がブームなんです」

派出所でいつものように工作をしていた両さん。そこに部長が登場。普段であれば怒鳴るはずが、温和な表情で両さんの肩をたたきます。「大人になったな両津！」。しかし、もちろん、両さんは仏像に目覚めたわけではありません。そう、巷では仏像がブームになっているのです。

仏像ブームの背景にあるのは、「癒し」と「クールジャパン」です。宗教的な意味合いではなく、日常の癒しグッズとして仏像が見直される。そして、日本の良きものにふれるというクールジャパンにもつながっているのです。

両さんの場合、工作という特技を生かし、仏像ブームを商機に変えています。1体5000円、1日あたり3体のペースで製作。割のいい稼ぎ口にしていました。

材料に着目して効率化を実現

たくさんつくればたくさん儲かる。商品の量産は、収益化向上の王道です。そこで両さんは、木彫りではなく漆で造形することにしました。その技法は、なんと奈良時代に流行していたものでした。

さらに両さんは工夫を重ねます。仏像の型をとり、細かい木屑を接着剤と混ぜて型にはめ込む。その結果、生まれたのが「彫らない量産型木彫り」です。仲間も感心するほどのアイデアです。

ただ、このままでは価格競争に陥ってしまいます。また、本物の造形師がつくった仏像には敵いません。つまり、中途半端な商品になってしまうのです。ではどうすればいいのでしょうか。

「発想を変えてわれわれにしか出来ない物を作ればいいだろ」

コアターゲットからマスターゲットへ

なんと、両さんが新たなターゲットにすえたのは、フィギアを購入する若者たち。考案したのは、ガンダムと仏像の融合です。その名も「紹模物像（ロボぶつぞう）」。

「このジャンルなら仏像の造型師に対し後ろめたさは微塵もない　アニメのジャンルはわしらの世界《フィールド》だ!!」

両さんのアイデアで実現した紹模物像は、瞬く間に大盛況。さらには女性客向けの商品も開発し、仏像ファンというコアターゲットから、一般大衆であるマスターゲットにまで顧客を拡大していったのです。

そして、マスコミを活用したＰＲ。さらにはゆるキャラまで。これらは「**クロスメディア戦略**」の類型と言えそうです。クロスメディア戦略とは、複数のメディアを展開して、総力戦で販売する手法。両さんは本能的にクロスメディア戦略を実践していたのです。

08

相手の属性や心理に合わせて、アプローチを変えていく

KOCHIKAME's Episode

第48巻

「ハッピー熊手!の巻」

両さんは10万円で熊手を買ってきてほしいと部長に頼まれ、酉の市へ行く。50万円の立派な熊手がほしい両さんは、店の熊手をすべて売ったら、それを5万円で売ってほしいと交渉をする。あの手この手であっという間にすべての熊手を売り、目的の熊手を手に入れ帰る途中、ういた5万円で飲んでいる間に熊手がこわれてしまう。困った両さんは、クリスマスのかざりを変わりにつけて交番に戻ってくるのだった。

資金がなければスキルを売る

たいていのスタートアップやベンチャー企業には、潤沢な資金がありません。だからこそ、小さくはじめて大きく育てる必要があるのです。資金がない以上、最初のうちは何を武器に戦えばいいのか。そう、自分たちのスキルです。

部長から10万円をあずかって熊手を買いにきた両さんは、「私の顔で一番立派なやつを買ってきましょう！」と啖呵を切ってしまった手前、もっとも大きいものを欲しがることに。

しかし値段は50万円。当然、予算オーバーです。

そこで両さんはどうしたのか。なんと、熊手屋に対して次のような条件を提示しました。

「わしがこの店の熊手を全部さばいてやるから5万円にまけろ！」

つまり、自らのスキルを売ることで、足りない分の料金を補填すると言い出したのです。

買い手を納得させて購買をうながす

「うちの熊手はご利益100倍！　ひとつ買えば一年でビルが建つよ!!」

両さんのやり方はこうです。まず、威勢のいい元気な声で周囲に呼びかける。そして、カップルを見つけて女性の方を褒める。女性に気に入られてから、最後に男性のことも褒める。つまり、双方を気持ち良くさせてしまうのです。

自動車や住宅などの高額商品を扱う営業マンも、まずは奥さんに気に入られることを目指すものです。その理由は、女性が感情で行動しやすいため。奥さんに気に入られたうえで、ご主人を説得してもらいます。

ただし、男性は論理的に納得しないと購入してくれません。論理的な納得とは、物の価値と値段のバランスのことです。つまり、「なぜその金額なのか」「それはお得なのか」を理解してもらう必要があるのです。

値段が高いものは日割りや月賦で安いと思わせる

商品やサービスの価格を決める方法には、コストに利益を上乗せする「**原価志向型**」、競合商品の価格を考慮した「**競争志向型**」、顧客の需要から判断した「**需要志向型**」などがあります。熊手の販売において、両さんがとったのは「競争志向型」です。

いずれにしても、商品やサービスの特徴に応じて、どのような価格設定がもっとも適しているのかを判断することが大切です。

「これひとつで一年間ご利益があるんですよ　一日にするとたったの８２０円ほどですよ！　社長！」

とくに値段が高いものは日割りで考えさせると効果的です。両さんも言っているとおり、「月賦は安いと勘違いする心理をつかうんだ」ということです。「一日あたりコーヒー２杯分」などは、まさにその典型的な例ですね。

第2章

Analysis of Kochikame's Marketing

自分の能力を信じる、蓄える

09

技術力があれば、世界で戦うことができる

KOCHIKAME's Episode

第182巻

「がんばれ！町工場の巻」

署で零細企業を1カ月でV字回復させるように命じられた両さん。不況で親会社からの仕事がないと嘆く社長たちに活を入れ、中国で電動バイクと電動カーの製造販売を始める。1カ月後、中川の経営する会社のシェアを奪うほどまでに成長をする。その成長は止まることを知らず、インド、インドネシア、タイにまで広がる。このことを心配した署長たちだが、会社をつぶすと国際問題になるところまでの巨大企業になってしまっていた。

もともと世の中は厳しい

微細企業の救済に乗り出した両さんは、さっそく微細企業の経営者が集まる会合に参加。そこで「仕事がない！」「仕事をくれ！」と口々に言う彼らに対して、次のように一喝します。

「あまいんだよ!!　お前ら！　元々世の中は厳しいもんだ」

素晴らしい技術がある。優秀な人材もいる。なのに仕事がなくて困っている。その原因はどこにあるのでしょうか。不足しているのは「**マーケティング**」です。アメリカの経営学者でマーケティングの権威であるフィリップ・コトラーは、著書『マーケティング・マネジメント』のなかで、マーケティングを次のように定義しています。

「マーケティングとは、価値を創造し、提供し、他の人々と交換することを通じて、個人やグループが必要とし欲求するものを獲得する社会的、経営的過程である」

マーケティングの発想、その背景にあるのは、「**価値の創造**」であり「**顧客の欲求**」です。つまり、いくら優れた技術があっても、いくら優秀な人材がいても、そこに顧客が価値を感じるもの（商品やサービス）がなければビジネスにはならないのです。

技術があれば世界で勝負できる

もっとも、これから町工場の経営者たちにマーケティングを教えているのでは時間がない。そこで両さんは、自らのスキルを最大限に発揮し、微細企業のプロデュースに乗り出します。

大切なのは、現状を正しくポジティブに分析し、その上でできることを模索するという発想です。

「技術があれば世界中で『技術』を買ってくれる」

自分たちの強みである技術力を武器に、商品化から販売まで一貫して行う。そうすれば、世界で戦うことができるのです。

「マーケット制圧の第一歩は革命だ！」

両さんは持ち前のバイタリティで中国人と交渉し、既存の事業者（中川の会社）の半値で次々と取引先を獲得していきます。その結果、中国を制覇。次は大国インドへの進出です。

両さんの調査によると、インドで販売されているクーラーの最安値は５万円ほど。その５分の１の価格で提案することで、よりセンセーショナルなプロモーションができると考えたのです。新しい市場に参入するにあたり、インパクトのある値づけは効果的です。

「革命をおこさないと勝てない!!　マーケット制圧の第一歩は革命だ！」

優れたイノベーターである両さんにかかれば、中川も為す術がありません。

10 「二足のわらじ」をはいて、ワーク・ライフ・バランスを勝ち取る

KOCHIKAME's Episode

第125巻

「人生リセット!の巻」

京都旅行から帰ってくると警官よりもっと自分に向いている職業があると言い出す両さん。中川の経営するデザイン会社でデザイナーとして働きはじめるが、商品に規制が入ると裏で販売して逮捕されてしまう。その後、出版社にカメラマンとして入るも、出版した写真集が発禁にされると裏で売り逮捕されてしまう。結局、纏のすし屋でバイトをしていると、腕をみこまれ、正社員となる。しかし、公務員は兼職が認められていないため、戸籍を二つ用意したが、部長に怒られるのだった。

やるべき仕事とやりたい仕事

高度経済成長期のころは、「終身雇用」「年功序列」という慣習によって、ひとつの企業で勤めあげることが一般的でした。しかし、グローバル社会の進展、少子高齢化、格差社会の到来によって、これまでの働き方に大きな変化が表れています。

「もっとクリエイティブな事をしたいんだ」

かつては両さんのような発想をもっていたとしても、実行に移すのは大変なことでした。いわゆる「脱サラ」（サラリーマンをやめ、自分で事業をすること）という大勝負をしなければならなかったのです。もちろん、失敗すれば残るのは借金だけ。

ただ、現代では違います。個人が副業として仕事を受注する「**クラウドソーシング**」という働き方が徐々に浸透してきたからです。このクラウドソーシングのおかげで、副業というスタイルから小さくスタートできるようになりました。つまり、自分のやるべき仕事とやりたい仕事を両立できるようになったのです。

自分の可能性と社会の需要

「デザイナーとか芸術《アート》な仕事の方が合ってる！」

両さんにアートの才能があるかどうかはわかりませんが、マーケティングにおいて「デザイン」や「創造性」が必要とされていることは間違いありません。その理由は2つあります。

1つ目は、効率化や性能だけでは勝負できなくなっているためです。かつて企業間の競争は、より効率的に製品をつくることや、より技術力を高めて性能を上げることに終始していました。しかし、情報が瞬時に伝達する現代において、商品の陳腐化（コモディティ化）はすぐに訪れます。

2つ目は、IoT（Internet of Things モノのインターネット化）やAI（Artificial Intelligence 人工知能）の発達です。これらコンピューター技術の進展がもたらすものは何か。端的に言えば、さまざまな分野で優秀なロボットが開発され、ヒトの仕事をロボットが代替できるようになる、ということです。

これからは、企業も人も、量産化や効率化だけでは生き残れません。デザイン性や創造性を発揮しつつ、クリエイティビティを重視しなければならないのです。

ワーク・ライフ・バランスをあきらめない

この後、両さんはデザイナーやカメラマンを経験し、最終的には警察官と寿司屋の職人という二足のわらじをはくことになります。その結果、自分のできることとやりたいことを実現するわけです。強引なところはありますが、自ら「**ワーク・ライフ・バランス**」を勝ち取ったと言えるかもしれません。

昨今、ブラック企業問題が各方面で取り沙汰されています。大学生や新卒者など、優秀な若者に無理な働き方を強要して、肉体的にも精神的にも追い詰めてしまう。短期的な利益を追求するあまり、モラルを失ってしまった企業の末路です。

そのような時代だからこそ、あらためてワーク・ライフ・バランスが求められています。

11 顧客視点に立って、業界の非効率な慣習・文化の盲点を突く

KOCHIKAME's Episode

第126巻

「〝泳ぐダイヤ〟を捕まえろ！の巻」

纏のすし屋でバイト中、寿司屋が直接マグロを釣れば、その分安くお客に提供できると考えた両さんは、知り合いの漁師と一緒にマグロ釣りに行く。そこでいいお金になることに気づき、同僚の寺井の船を借りて再び漁に出る。そこでも4匹のマグロを釣り上げる。しかし、欲を出しすぎた両さんは、一度にたくさんのマグロを釣ろうとして、漁船ごとマグロにひっぱられて行方不明になってしまう。数日後に見つかった両さんは、自分でマグロをさばいて食べて生き延びていた。

中間マージンを減らす

業界の慣習にとらわれているうちは、斬新な商品やサービスを生み出すことはできません。たとえば、両さんが警察官のかたわらで携わっている寿司業界でも同様です。歴史があるだけに、非効率な慣習や文化が根強く残っているのです。

両さん「なんで鮪《まぐろ》のトロなどは時価なんだ？」
社員「仕入れ値段によって価格が変動するからな」
両さん「値段が分からないと客が怖がるぞ」

回らない寿司屋に行くとわかりますが、大トロなどの高級ネタは「時価」と表示されることがあります。その理由は、価格が河岸（魚市場）で決まるからなのですが、客としては不安になってしまいます。

寿司業界に長くいる人は、このような仕組みに疑問を抱くことはありません。しかし、両さんの場合、顧客としての視点から物事を考えることができています。つまり、業界の慣習ではなく、顧客の利益を優先して、サービスの良し悪しを判断できるのです。

業界の無駄に挑戦する

「その中間マージンを少なくすんだよ〈中略〉寿司屋が魚を獲れば安く安定して出せるだろ」

中間マージンが発生しているために、商品の価格が高くなってしまう。つまり、しわ寄せを受けるのはつねに顧客ということです。その中間マージンを減らすことができれば、より安く、安定した価格で提供できる。その結果、CS（Customer satisfaction 顧客満足）の向上につながります。

たとえば、ファミリーレストランの「サイゼリヤ」は、低価格で高品質のイタリアンを提供することにより、数多くのファンを獲得しています。そのため、フランチャイズのファミリーレストラン業界にはすでに多数の大手企業が存在していたのにも関わらず、独自の地位を築けているのです。

では、その秘訣はどこにあるのでしょうか。実は、「徹底した効率化」と「中間マージンの排除」にあります。具体的には、使用する食材を農家から購入するのではなく、自社で製造から流通まで一貫して行うことで、低価格化を実現しています。これはユニクロやＧＡＰでも行われている手法ですね。

職人の技術＋最新のシステム

実際に漁に出てみた両さんは、知り合いの漁師である二徹からマグロの釣り方を教わります。しかも、はじめてのマグロ漁で２５０キロの大物を釣り上げることに成功したのです。その価格はなんと３００万円。

あまりの高額に驚いた両さんは、中間マージンを減らすという目的からはずれ、自らの利益のために大量のマグロをゲットしようと画策してしまいます。同僚の寺井を誘い、漁船の忠告を無視して最終的には……。いくら「職人の技術」と「最新のシステム」を融合させても、私利私欲に走ってしまえば物事はうまくいかないのですね。

12

ブームに乗ることは重要、自分なりのチャンスを見つける

KOCHIKAME's Episode

第102巻

「ナイスなシューズで大行進の巻」

NIKEのエアジョーダンシリーズのスニーカーが高値で売れることを知った両さんは、転売するために買い付けに行く。しかし、ビンテージでないものを大量に買ってしまう。そこでマニアの友人から情報を得て、国内外からビンテージモデルを買い付ける。渋谷で売ろうとするが、偽物ばかりだと判明する。しかし、両さんはこれに懲りず、次はビンテージジーンズを売ろうとするのだった。

若者文化を高齢層にも理解してもらう方法

ことの発端は、学校で靴の盗難事件が多発していることでした。若者文化に関心がない中高年層にとっては、「なぜ今の時代に？」と、不思議でなりません。実は、その背景にあったのは、ＮＩＫＥをはじめとするスニーカーブームでした。

「たかが靴だ　盗んでまで欲しがるんじゃない！　戦時中の日本じゃねぇんだぞ！」

たしかに両さんの言うとおりです。しかし、物があふれている現代において、いかに消費者の心をくすぐれるか（購買意欲を促進できるか）ということは、企業にとって死活問題です。そのために、たとえ一過性のブームであったとしても、チャンスを逃してはならないのです。

「この靴でひと儲け出来そうだ　お宝を探すのは得意だからな　日本中探してやるぞ」

そこで、ブームの火消しをしようとする部長を説得します。その方法とは、部長でも知っているジャンルの話にすり替えること。なんと、足袋の話から江戸の粋へとつなげることで、靴ブームを「日本の心」と言い換えてしまったのです。このように、理解してもらいたい場合には、相手にとって馴染みのある話材に結びつけることが大切です。

専門家の意見を参考にする

スニーカーの転売を目論む両さんは、雑誌の情報を参考にして、さまざまな店から買いつけを行います。しかし、スニーカーに関しては素人の両さん。現行品とビンテージの違いがわからず、定価でしか売れないスニーカーばかり購入してしまいます。

馴染みのない分野に参入する際にも、両さんがした失敗と同様の注意が必要です。つまり、雑誌やインターネットなど、表面的な情報を鵜呑みにしてしまわないこと。自分は素人であると認識し、まずは勉強することからはじめるべきなのです。

そういった意味においては、その後の両さんの行動は的確です。すでに30万円ほど投資してしまったことも顧みず、スニーカーに詳しいマニアを対象に、情報収集を行います。

現地を見て、実際に買い、さらに専門家の意見を聞く。ここにユーザーインタビューを加えれば、歴とした「**マーケティング・リサーチ**」となります。実際に両さんは、その後、目利きができるユーザーたちから意見を聞いています。

「リサーチ」と「やってみる精神」

自社のマーケティング施策について効果測定を行う際にも、マーケティング・リサーチは有効です。やりっぱなしにしていては、行動に対する成果も明らかになりません。

一方で、調査だけを行い、実際に行動しないのも問題です。なぜなら、調査だけですべてを把握することはできないからです。とくに、不確定要素の多いビジネスの現場では、やってみてはじめてわかることも多いのです。

最終的にはスニーカーをあきらめ、ジーパンの転売に移行する両さん。これまでの行動を無駄にせずピボットするあたりは、まさに商売人の鏡と言えそうです。

13 特定分野で専門家になれば、それだけで優位に立てる

KOCHIKAME's Episode

第76巻 「ゴキブリ大行進!の巻」

製薬会社などで研究用にゴキブリが売れることを知った両さんは、早速ゴキブリを捕獲しようとするが、まとまった数を捕るのはなかなか難しかった。そこで、寮の空き部屋を使ってゴキブリの養殖をはじめる。しかし、需要があまりなく、両さんのあきっぽい性格もあって、養殖に使っていた部屋も放置されてしまう。しばらくして、ゴキブリのことを思い出し、あわてて寮の部屋を訪れると、勝手に増えた10万匹ものゴキブリがひしめき合っていた。

日常生活をお金に変える

ゴキブリに対して苦手意識を感じている人は多いです。独特の動き、あやしく光るボディ、さらには強靭な肉体と繁殖力を考えればムリもありません。いずれにしても気味の悪い存在です（ゴキブリにとっては気の毒なことですが……）。

そんなゴキブリに対して、両さんはまったく動じることがありません。むしろ食事中であっても平気で退治してしまいます。

両さん「毎日ゴキブリを取ってるな！　まったく無駄な労力だ！」
中川「うちの会社の薬品開発部では業者から研究用のゴキブリを買ってますよ」

企業としても個人としても、収入のもとが増えるのは喜ばしいことです。日頃からアンテナをはっていれば、チャンスは広がります。そして、結果的に誰かの役に立つことができるのです。ポイントは、社会の需要と自らの行動をマッチングさせること。

「ゴキブリ駆除の料金をもらってそのゴキブリを売って二重にもうかる!!」

取り扱う商品への知識を深める

ある特定の分野で商売をするのであれば、商品に対する知識を深めなければなりません。そうすることで、より確実にビジネスを展開できるだけでなく、その道の専門家という評価を得られるようになるからです。いわゆる「**セルフブランディング**」です。

まずは特定分野のプロになること。それが信頼を担保することにつながります。そして、知識が深まれば「あいつに聞けばわかる」などと、周囲より優位な立場に立てるようになるのです。

両さんもその点において抜かりがありませんでした。分厚い図鑑を読み込み、ゴキブリを飼育しては様子を観察。その結果、より効率的に稼ぐための方法として、「ゴキブリの養殖」を思いついたのです。

マーケティング活動においても、実践と勉強のなかで新たな発見があります。そして、その発見を次の施策に生かすことで、より有利にビジネスを展開できるようになるのです。知識と経験が積み重なると、行動に無駄がなくなります。無駄がなくなれば、より効率的な経営へとつながります。両さんは、そうしたマーケティングの基本を肌感覚として実践しています。

撤退も含めた費用対効果を考慮する

養殖の成果もあり、薬品会社への行商で稼ぐ両さん。しかし、やがて需要はあたまうちに。しかも、養育費が思いのほか高くつき、結果的に撤退することになりました。

「採算が合わんものをいつまでもやってられるか」

ビジネスは撤退の見極めも大切です。また、撤退に要する費用についても考えなければなりません。したがって、ゴキブリを増やすだけ増やしたのなら、それらを処分する費用も考慮するべきなのですが……。

14

ラインナップを増やすことは、顧客の混乱を招くリスクがある

KOCHIKAME's Episode

第84巻

「現代昼食事情の巻」

廃棄されるうどんやカレーライスの自動販売機を引き取った両さんはそれらを署内に設置して金儲けを目論む。最初はめずらしさで売れていたが、すぐに飽きられてしまう。そこでメニューを増やしたり（ボタンを増やしただけ）、特別なメニュー（量を増やしただけ）を考えたり、麗子と中川の協力で一旦はお客が増えるが、彼らが手を引くとお客はまたいなくなってしまった。そして雨の日、外に食べに出られない署員向けに価格を上げて販売するが、晴れたとたんまたお客がいなくなってしまうのだった。

意思決定の数を減らす

バリエーションが豊富なことは、ひとつのウリにはなります。しかし、無闇にバリエーションを増やしすぎてしまうと、顧客が「何を購入すればいいのかわからない」という事態になってしまいます。悩むことというのは、ストレスの元になるのです。

アップルの創業者であるスティーブ・ジョブズは、晩年、つねに同じ服装をしていました。その理由は、「決断の数を減らすため」。些末なことに意思決定するよりも、決められることはあらかじめ決め、本当に必要なことだけ判断する。とても合理的です。

ある研究によると、人が一日にできる意思決定の数は決まっている、という事実も明らかになっているそうです。

両さんのランチは、「カレー」「ラーメン」「ヤキソバ」のローテーションです。もちろん予算との兼ね合いもありますが、ランチの意思決定に労力を費やさないためかもしれません。もっとも両さんの場合、目的は競馬なのですが……。

「何を食べるかよりもどの馬か決める方が大切なんだ」

安い、美味しい、手軽

ランチを決める煩わしさから、両さんは食事の自動販売機を考案します。ちょうど、知り合いの工場で食品の自動販売機が粗大ゴミとして出されようとしていました。これをチャンスとみた両さんは、さっそく署に設置することに。

紆余曲折はありましたが、見た目やラインナップの工夫を重ね、少しずつ支持を得られるように。ただ、当初は自分が選びたくないという気持ちではじめたのに、いつの間にかたくさんのメニューが。しかも、味に対してのクレームも増えていました。

そこで両さんは、中川や麗子の協力を得て、「安い、美味しい、手軽」という原点に立ち返ることに。その結果、売り上げは順調に伸びていきました。やはり、顧客のことを考え、真面目に商売するのが得策なようです。

商売は誠実に

しかし、中川や麗子が手を引くと、もとの黙阿弥に。多くのユーザーは、「味がもとに戻った」とのことで、両さんの自動販売機を利用しなくなります。ここから、両さんの悪いところがでてきます。

「もう真面目にやるのはやめた！　もうけるためなら手段は選ばんぞ」

なんと、大雨であるのをいいことに、自販機の値段を3倍にあげたのです。その結果、署員たちのボイコットにあい、まったく売れなくなってしまったのです。

ビジネスである以上、儲けのチャンスを見逃さないことはすばらしいことです。ただ、顧客のことを考えず、自分本位で商売をしてしまえば、**サステナビリティ（持続可能性）**はありません。両さんがいつも失敗してしまうのは、その場だけの利益を追求しているからではないでしょうか。

15

顧客の「夢」「あこがれ」をビジネスに結びつける

KOCHIKAME's Episode

第132巻

「おいでませ宇宙観光の巻」

宇宙旅行の添乗員のアルバイトをする予定だった両さんだが、突然中止になってしまう。高額のアルバイト代がほしい両さんは、旅行会社の人を説得し、中川の所有する宇宙センターを借りて偽宇宙旅行を続行させる。ハイテク技術に詳しい旅行客をだますのに苦戦しつつも、なんとか偽宇宙旅行を続ける。ところが、途中で本物のスペースシャトルと間違われて打ち上げられてしまうのだった。

宇宙へのあこがれ

夢やあこがれというものは、人の願望、欲望ですから、ビジネスに直結する可能性があります。たとえば、ＩＴ企業大手のＤｅＮＡは、カーシェアリングサービス「エニカ」（https://anyca.net/）において、スポーツカーのシェアリングを行っています。その背景にあるのは、高級スポーツカーへのあこがれです。

高級スポーツカーは数千万円以上するものも多く、一般の人ではなかなか手が届きません。しかし、カーシェアリングであれば、時間貸しになるため、気軽に体験することができるのです。このように、あこがれがビジネスになっている事例はたくさんあります。

今回、両さんが着目したのは宇宙旅行です。ある会社が企画する宇宙旅行の添乗員に応募しました。日給はなんと１００万円です。大金持ちの旅行がどんどんレベルアップし、最終的にはあこがれの宇宙旅行も実現した、というわけです。

「タダで宇宙に行けて５日で５００万!!　最高のバイトだ!!」

「疑似体験」を提供する

しかし、出発まであと一週間というときに、アメリカのコーディネーターから中止を言い渡されてしまいました。これで両さんの計画はパーです。もっとも、ここであきらめないのが両さんらしいところ。

「私がなんとかします　宇宙旅行続行しましょう！」

中川宇宙センターの施設をロケ撮影ということで借り、宇宙旅行を疑似体験してもらうことにしたのです。もちろん、お客さんには内緒です。これは、「あこがれ」と「疑似体験」を組み合わせたビジネスのかたちです。

実際に、シャトルは宇宙へは行っていません。模型、画面、無重力装置、プールなどを使い、宇宙を再現しているだけです。それでも、両さんの巧みな話術によって、みんなは宇宙旅行をしていると錯覚。まさに、AR（Augmented Reality 拡張現実）を活用したサービスなのでした。

顧客の知識を侮ってはいけない

しかし、特定の分野に対するあこがれをもっているユーザーは、その分野に関する深い知識をもっているものです。両さんは「どうせ平均年齢88歳の老人ばかりだから」と侮っていましたが、実際には、途中で何度もバレそうになっています。

そう、顧客の知識を甘くみてはいけないのです。ウソをつくのは言語道断ですが、「この程度のサービスでいいだろう」などと考えていると、ユーザーにその意図を見抜かれてしまうものです。つねにより良いサービスを提供することを目指しましょう。

ソーシャルメディアやSNSが普及している昨今、顧客の期待を裏切るという行為は、瞬く間に広がってしまいます。マイナスの印象はそう簡単にはぬぐえません。商品やサービスを提供する側の人は、両さんのようにならないよう、注意してください。

16

付加価値で差別化を図ると同時に、チャネル転換で市場を開拓する

KOCHIKAME's Episode

第132巻

「おまけ文化時代の巻」

出版社の社長に助けを求められて力を貸すことになった両さん。レアなフィギュアを付録につけた雑誌を販売し、ヒットする。しかし、他の出版社も真似をしはじめたため、様々な付録をつけた雑誌を次々に販売する。ノウハウを得た両さんは独立して、さらにあらゆるものを付録とするが、他社との差別化を図るため、生きた卵を付録につけた本を発売。しかし、その卵が発売前に孵化、さらに大きな問題にも発展して、倒産してしまうのであった。

おまけビジネス

中川「ある女性誌の創刊号で高級ブレスレットを付録でつけたところ20万部完売したとか」

本を売るために良質なコンテンツを用意するのは当然のことです。しかし、一日あたり約２００点もの新刊が出版されている現代において、それだけではなかなか勝負できません。ではどうするべきか。付加価値をつけて販売するのです。

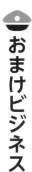

付加価値という意味で、顧客がもっとも直感的に認識できるのは「おまけ」です。「グリコ」や「ビックリマンチョコ」などはその典型例です。本来であればお菓子を食べるために購入する商品であるのに、子どもの興味をおまけのおもちゃでひきつけ、差別化を実現しています。

もともとのビジネスという観点から考えれば本末転倒のような気もしますが、購入してもらうことがひとつの目的であるのなら、マーケティング的に考えても、あながち間違っているとは言えなさそうです。

「本をコンテンツで売る」という常識をくつがえす

そんな中、両さんの知り合いで出版社を経営している社長が、両さんに泣きついてきました。不況で購買力が低下し、会社がピンチだと言うのです。そこで両さんは、まず、在庫処分から着手することにしました。

「規制緩和になって自由な付録が付けられる　付録付きで売ろう」

もちろん、中途半端な付録はつけません。独自の人脈を生かし、レア物のフィギュアを本の付録にして販売したのです。他社の追随はありましたが、フィギュアの知識で両さんに敵うはずもなく、真似されても問題ありませんでした。

読者の求めているものを知り、最適な付録をつけることで販売を促進させる。まさに両さんは、「本をコンテンツで売る」という常識をくつがえしたのです。

「あくまでも「おまけ」はエサだ！　本質は本をしっかり作る事が大切だ」

企業とのタイアップで販売力強化

さらに両さんは、複数の企業とタイアップし、魅力的な付録を次々と提案します。それだけでなく、「シューズと本の付録つきガム」という、お菓子業界にまで参入。その結果、商品が雑誌置き場ではなくお菓子コーナーに陳列されたため、販売力が増しました。

陳列される場所やお店を変える手法は、「**チャネルの転換**」にあたります。チャネルとは販売先のこと。これまで実店舗でしか販売していなかった商品が、インターネットでも販売することで、さらに売上を伸ばしている事例はたくさんあります。

チャネルを変えてしまえば、それまでのライバルはいなくなります。また、これまでターゲットとされていなかった層へもアプローチすることができるようにもなるのです。

両さんのやり方は通常よりもかなり逸脱しているために、ブルーオーシャンの発見に寄与しているという側面もありそうです。

第3章

Analysis of Kochikame's Marketing

マーケティングはタイミングが命

17

世の中の「不」はニーズの宝庫、その解消が新たなビジネスになる

KOCHIKAME's Episode

第92巻

「鬼軍曹ふたたび!!の巻」

銃の事件が多くなって、輸入防弾チョッキが売れていることに目をつけた両さんは、サバイバルゲーム仲間の爆竜大佐からケブラー材を譲り受け、防弾チョッキを作る。スーツやコートタイプの防弾チョッキやスチール製の防弾カツラ、携帯用防弾ガラスなど様々な防弾グッズを開発して販売する。しかし、その現場を部長に見つかって怒られてしまう。

人々の不安や不満に着目する

商品やサービスをつくる場合に、人々が抱えている不安や不満に着目するのは効果的です。いずれにしても、**ニーズ**や**ウォンツ**がないところでものを販売することはできません。そもそもニーズやウォンツとはどのようなものなのでしょうか。

ニーズとは、人々が必要性を感じていること、つまり需要そのものです。今回の場合で言えば、「銃弾による命の危険を回避したい」という感情がニーズとなります。「必要性」と言い換えてもいいでしょう。

一方でウォンツとは、ニーズを満たすために必要とされる特定の物のことです。銃弾から身を守る方法はいろいろとありますが、とくに日常生活で銃撃する相手と対面した場合の危険性を取り除くことで言えば、「防弾チョッキ」が求められることになります。

このように、ニーズとウォンツが存在しているところに、ビジネスの可能性があります。しかし、いずれかが欠けている場合であれば、購買には至りません。

たしかに銃を使用した事件は増えていますが、それでも、全体としてはそれほど多くはありません。そのため、「日常生活において銃の危険性から身を守りたい」というニーズも少なければ、「そのニーズを満たすために防弾チョッキが欲しい」というウォンツもないのです。結果的に、両さんが考案した安価な防弾グッズは、売れませんでした。

社会に対する影響も考慮して

ただし、着眼点としては間違っていません。日常的に銃の危険性があるアメリカであれば、両さんが考案した防弾チョッキは売れたかもしれないのです。

両さんが失敗してしまった理由は、販売する市場（日本）のニーズやウォンツを確かめることなく、材料（この場合はケプラー材）が手元にあったために着手してしまったことです。材料の有無は単なる自社の都合ですね。

加えて、「防弾チョッキを販売することによる悪影響」についても、考慮できていませんでした。いわゆる「マーケティング倫理の欠如」です。マーケティング倫理とは、自らの商売に対して倫理的に考えて行動できるか、ということです。「ただ売れる」「ただ儲かる」という観点から商売をしていては、結果的に、社会から受け入れられることは少ないのです。

不満や不便、不安を解消するための商品は多い

「もっとこうなればよいのに」「なんでこんなに○○なの？」と、消費者の不満や不便をヒントにして、多くの商品やサービスが生まれています。

また、不安を解消するための商品やサービスは、思いのほか多いものです。たとえば、多くの人が加入している「傷害保険」や「生命保険」。これもまた、「いざというときの不安を解消する」ための商品です。

各社の保険商品を見てみるとわかりますが、それぞれの企業において、数多くの保険が販売されています。「定期保険」「収入保障保険」「逓減定期保険」「終身保険」「養老保険」「がん保険」など、さまざまです。

これだけ種類があるということはつまり、不安の種類もさまざまである、ということです。とくに日本のような平和な社会においては、現代の生活を失いたくないという気持ちが強いのです。

その結果、個々のニーズに応じた保険商品が売れることになります。

18

世の中が熱いうちに手を打つことの重要性、タイミングを見誤るな

KOCHIKAME's Episode

第91巻

「亀有のおいしい水売りますの巻」

猛暑で東京は水不足。水は配給制になり、井戸水を求めて争いも起きるようになった。自動販売機の水は330円に値上がりし、輸入もされるようになる。闇水を販売する者や水泥棒まで出現し、両さんたちは住民から「警察が怠慢だから」と非難を浴びる。両さんは水工場で働く知人から水を購入して売り始めるが、水を盗もうとする男を追い払おうとしたはずみでバルブが外れ、水が大量に流出。両さんは下水道に流されてしまう。その後台風が連続して上陸。今度は「水害対策を立てろ」と責められる両さんたちだった。

社会のトレンド的な不満に応える

水不足に米不足。さまざまな技術が発展し、社会そのものが変化しても、防ぎようのないトラブルは起きるものです。大切なのは、発生したトラブルに対して適切に対処し、次の学びにつなげることです。

「水や米は大切だって分かりきっているでしょ　無くなってから分かっても手遅れですよ！」

マーケターとしては、不足しそうなものに対して敏感に反応することも大切です。水が不足すれば水が売れる。米が不足すれば米が売れる。とくに日本のような地震大国であれば、震災関連グッズが売れるタイミングも、ある程度は推測できるはずです。

必要になってからつくっていては間に合いません。将来のニーズを予測し、あらかじめ準備しておくこと。そのように対策している企業のみ、チャンスをつかんで大きな利益をあげられるのです。

タイミングが遅れるとリスクになる

水不足が解消してから水を販売しようと思っても難しい。同様に、米不足が解消してから米を売ることはできません。スマートフォンが普及している現代において、在庫があるからと携帯電話を売ろうとしても無理なのです。

結局のところ、タイミングを逃してしまったら、切り替えるしかありません。他の商品やサービスを販売するか。あるいは、今あるものを現代風にアレンジして販売するか。そのように、マーケティングの発想をもっておく必要があるのです。

さて、今回のお話は水不足。極端に水が不足しているため、水の需要が急増。みんなが寄ってたかって水を求めています。その結果、水の値段が高騰し、貴重品になってしまいました。

ここにビジネスチャンスにつながる、最適なタイミングがありそうです。両さんは見逃していませんでした。

「水は金になるな　よし…」

自然の力には逆らえない

水がお金になると考えた両さんは、競馬仲間に大量の水をゆずってもらうことに。その水を、１リットルあたり４００円で販売します。もっとも、その様子を部長が放っておくわけもありません。両さんを尻目に、地域の人々に無償で配ってしまいました。

その後、水不足は解消。結局、両さんは商機を逃してしまったのです。そして今度は、台風のために水被害が発生。再びトラブルになったのでした。

どんなにマーケティングを駆使しても、人間は、自然には勝てません。だからこそ、無理に利用するのではなく、できる範囲で将来を予測し、共存することが大切なのです。

中川「自然の力は経済力でもカバーできないからな」

19

PDCAサイクルを回して、失敗を成功の種に結びつける

KOCHIKAME's Episode

第103巻

「新聞少年勘吉の巻」

中川と麗子に少年時代に新聞配達をやっていたときのことを話す両さん。無駄なく効率的に稼ぐために配達順路を工夫したり、小学生が購読料の100%徴収を達成するために親戚の大人を活用したなどのたくましいエピソードを披露する。

日常の無駄からニーズを把握

ことの発端は、派出所のＦＡＸが遅いことでした。ＦＡＸを使いたい両さんに対し、「あと30枚送るから時間がかかるわ」と応対する麗子。両さんのイライラは募ります。最終的には、携帯電話を使ってＦＡＸ送信をすることに……。

中川「全てをＩＳＤＮ（デジタル回線）などで一本化出来るといいんですけどね」
両さん「その通り　ＤＭや印刷の年賀状など紙（かみ）のムダだぞ」

このエピソードが収録されている第１０３巻が刊行されたのは約20年前の１９９７年なので少々古い話題ですが、このように商品開発のヒントは日常に潜んでいます。既存の技術であるインターネット（この場合はｅメール）を活用すれば、ＦＡＸの問題も解消します。そうした「不便の解消」こそ、顧客から選ばれる商品やサービスの元となるのです。

ニーズはあるけど、解決するのは難しい。そのような既存の分野に対して、大手企業の手法とベンチャー企業の発想力や技術力を組み合わせていく。そして業界の慣例にも配慮する。そのような「**オープン・イノベーション**」の発想が求められています。

失敗から学んで効率化へ

FAXの話から、両さんが過去に経験した新聞配達の話へ。そこで語られたのは、両さんが子どもながらに行っていた配達の工夫です。

「自分なりに配達順路を作るわけだ」

なぜ両さんは、そのような工夫をしていたのか。その理由は、新聞配達をしていく上で、さまざまな失敗を経験していたからです。新聞が届いていない、いわゆる「不着」になると、給料からマイナス20円されてしまいます。両さんにとってこの減額は看過できません。だからこそ、工夫を重ねていたのです。

つまり両さんは、自らの失敗から学び、その都度、最適な方法にカスタマイズしていたのです。このことは、ビジネスにおいても重要です。既存のやり方に固執するのではなく、経験から学んで改善する。「**PDCAサイクル（Plan（計画）→Do（実行）→Check（評価）→Act（改善））**」の実践です。

つねに「**より良い方法はないだろうか？**」と考え、自らの足で実践する。商品やサービスの価値は、そのようにして向上していきます。

人との出会いからビジネスに必要なことを学ぶ

また両さんは、新聞配達という仕事を通じて、さまざまな人とふれあいます。一戸建てに住むガンコオヤジ、アパートに住む若い兄ちゃん、一緒に新聞配達をする大学生のお姉さん。さらには豪邸に住む外国人の女の子まで。

まさに両さんは、人とのふれあいから多くのことを学んでいたのです。どうすれば怒られないか、どうすれば喜んでもらえるか（給料が上がるか）、そして世の中にはいろいろな人がいることを。**多様性（ダイバーシティ）**に満ちた十人十色の世の中で、人を相手にどのようなビジネスができるのか。そのような発想が大切です。

20

最初から完璧をめざさずに、リーン・スタートアップで改良していく

KOCHIKAME's Episode

第130巻

「がんばれたいやきくんの巻」

両さんはたいやき屋「両津堂」を開店する。向かいにあるたこやき屋は客を奪われ、たいやき屋に新装開店。「カスタードクリームたいやき」で客を取り戻すが、両津堂は同様のたいやきをカロリー半分の小さ目サイズで売り、女性人気を集める。元たこやき屋が「30種のたいやき」を開発すると、両津堂はたいやきを模した車で、「100種のたいやき」を始める。その後もさまざまなたいやきで競い合う中、両さんが油をひっくり返してしまい、火事になる。車ごとプールに飛び込むが、そこは重油が貯められた工場だった。

機を見るに敏

社会はつねに変化しています。そのため、企業もつねに変化していかなければなりません。人々が求めているもの、さまざまなブーム、新しい技術などに敏感になり、自社のビジネスに生かしていくことが大切です。

とくに、変化のスピードが速まっている現代においては、いかに素早く意思決定できるかが重要となります。どんなに素晴らしいアイデアを思いついても、他社に先を越されてしまっては、「**先行者利益**」を得ることができません。

そもそも先行者利益とは、いち早く市場に参入することで得られるさまざまなメリットのことです。具体的には、「パイオニアとしてのブランドイメージ」「価格設定に関する決定力」「人材や立地など、資源の先取り」などが挙げられます。

だからこそ、スピードが大事なのです。その点、両さんは、つねに即断即決です。今回の場合も、自身の特技である「たいやきづくり」がプロとしても通用すると判明した途端に、行動に移しています。

本来であれば、参入する前に入念なマーケティングリサーチが必要です。しかし、両さんのようなスタートアップの場合、見切り発車的にビジネスをスタートしながら、状況に応じて対応を変えていくという方法もまた効果的なのです。

スタートアップの王道「リーン・スタートアップ」

このように、初期投資を最小限におさえ、最低限の製品や試作品を顧客に提供しつつ、商品やサービスを改変していく手法を「**リーン・スタートアップ**」と言います。数多くのスタートアップやベンチャー企業が誕生しているシリコンバレーで生まれた発想です。

リーン・スタートアップのポイントは、「**小さくはじめて大きく育てる**」ことにあります。試作品の段階で顧客に提供し、その反応をみて改良したり、事業の継続を判断したりします。とにかくやってみる。完璧の製品ができるのを待つのではなく、ベータ版でもいいので顧客に試してもらう。そこで好意的な反応が得られたと判断してから、あらためて製作を進めていけばいいということです。

自分にはたいやきづくりにおいてプロ並みの実力がある。そうとわかったら、とにかくやってみる。売れるかどうかはその後に判断する。このくらいのスピード感がなければ、スタートアップが成功することは難しいでしょう。

マーケティング費用を極力おさえて

本来であれば、ライバルがいない場所に店を出すのが正しい戦略です。しかし、たいやきという昔ながらの商品を取り扱う場合、そこに購入者（欲しがる人）がいなければ、そもそも商売になりません。

では、どうすればいいのか。一つの方法としては、すでに繁盛店があるところで勝負するのです。弁当や惣菜を販売しているオリジン弁当は、出店先を決める際、セブン‐イレブンがあるところを選んでいます。その理由は、セブン‐イレブンが入念なマーケティングによって出店先を決めているからに他なりません。つまりオリジン弁当は、マーケティングリサーチ費用を抑えて、より良い出店先を見つけることに成功しているのです。しかも、双方が補完関係にあるため、ともに生き残ることができます。

21 季節サイクル（売り時、買い時）の重要性と、タイミングごとの商品戦略

KOCHIKAME's Episode

第74巻

「バッカス両津！の巻」

ある日部長が派出所に名酒「腰の寒梅」を持ってくる。花見で飲もうということになるが、場所取りが大変なことが予想される。両さんは「両津さんの楽しいトークと裸踊り付」で場所取りの商売をしており、この花見でも一儲け。最高の席で花見が始まるが、本田が「腰の寒梅」をこぼしてしまう。両さんは普通の酒にラベルを張り替え、強引に部長をごまかす。花見の期間中、両さんの商売は大忙し。プール一杯分の酒を飲んだとの噂も流れ、桜の名所、上野・飛鳥山・千鳥ヶ淵で「両津」の名を知らない者はいないほどになった。

季節ごとにビジネスを展開する

年中行事に着目してみると、意外にたくさんのビジネスチャンスがあることがわかります。24時間365日をウリにしているコンビニエンスストアは、いつ行っても、季節感があるものです。その理由は、それぞれの季節に応じた購買意欲を促進させるためなのです。

たとえば、節分に食べる「恵方巻き」。もともとは関西地方の慣習でしたが、コンビニエンスストアをはじめとする小売店のマーケティング施策によって、全国に認知され、普及するようになりました。普段は太巻きを食べない人でも、この時期だけは食べるという方も多いのではないでしょうか。

商品戦略として、季節感を取り入れるのは需要なことです。欧米の52週、日本の24節気など、イベントの周期を把握しておかなければ商機を逃してしまいます。正月、バレンタイン、春の花見、入学卒業、母の日など、一年間を通した流れは決まっているのです。

このように、季節ごとのイベントを意識しておけば、将来を予測することも可能です。つまり、販売の見通しがたつということです。両さんもさまざまなビジネスにチャレンジしていますが、花見のシーズンは場所取りビジネスに勤しんでいます。まさに、その季節ならではのビジネスです。

若手人材の育成と活用

より良いサービスを提供するには人材が必要です。いくら人並み外れた体力の持ち主である両さんであっても、警察官として勤務しながら複数の花見場所を確保しておくことはできません。

そこで両さんが活用したのが、若い新人警官たち。金銭的な報酬はありませんが、彼らのモチベーションを高めるために口八丁で説得します。

もちろん、具体的なレクチャーも忘れていません。自身の経験から判明している「場所のポイント」「確保の仕方」「注意点」「もしもの場合の対策」など、丁寧に教えています。

そのように、しっかりと教育しているからこそ、確実な場所の確保ができるのです。

モチベーションを高めたうえで、具体的な方法を指南する。そして、自らが率先して行動する。そうすれば、スタッフは期待に応える働きをしてくれるようになります。

特技を生かして付加価値をつける

ただし、花見の場所をとるだけでは、それほど大きな単価をつけることはできません。誰にでもできてしまうからです。そこで両さんは、特技を生かして付加価値をつけています。

「さらに申しこみの全員に！　両津さんの楽しいトークと裸おどりつきだ！」

このように、顧客から選ばれるようなサービス提供も欠かしていません。宴会を10秒で盛り上げる両さんのパフォーマンスは大盛況。さらに、他の人には真似できない飲みっぷりが話題となり、芸の出前も行うようになります。もちろん有料です。こうした付加価値は、競合他社との差別化にもつながります。加えて、口コミによる拡散効果も期待できるのです。

22 ピンチをチャンスに転換し、適材適所でビジネスを進める

KOCHIKAME's Episode

第91巻

「亀有動物公園前派出所!?の巻」

亀有公園はその年の暑さで南方系の植物が生い茂るジャングルのようになっていた。両さんはカメレオンやイグアナを捕獲。派出所の動物小屋は評判を呼び、テレビ放映もされる。その影響からか、派出所にはいろいろな動物が送られてくるように。ＣＭ用に動物を貸してほしいという依頼があったことを機に、両さんは動物プロダクションをつくる。それだけでは飽き足らず、ゴキブリたちを教育して害虫駆除器の訪問販売でデモンストレーションをさせるのだが、詐欺まがいの売り方が通報され、またもや減棒となってしまう。

ピンチをチャンスに変える

夜勤のある派出所の警察官にとって、周囲に動物が増えてしまうのはマイナスです。事実、サソリやコブラに驚かされて、仕事どころではありません。もちろん、駆除してしまえばそれまでです。しかし両さんの派出所では、動物たちを飼育したことで、思わぬプラスの効果がありました。メディアへのＰＲです。

日頃から不祥事やミスなどでイメージが悪化してしまうこともある警察官。しかし、周囲の耳目を集めやすい活動を取り入れることで、良いイメージを与えることができます。

２０１４年のＦＩＦＡワールドカップ・アジア予選で有名になった「ＤＪポリス」は、これまでの警察官のイメージを一新させました。サポーターの敵であった警察官が、日本代表をともに応援する仲間になったのです。

どんな状況であっても、プラスに変えるような工夫をする。そのような姿勢をもっていれば、たとえピンチがおとずれてもチャンスに転換することができるのです。マーケティングの基本とは、現状の環境を有利に活用すること。その点において、両さんのポジティブさは参考にするべきでしょう。

マスコミを活用したPR

広告効果という意味において、徐々に軽視されつつあるテレビCM。しかし、現代においても大きなプロモーション効果があることは否定できません。その証拠に、とくにBtoCのサービスにおいては、テレビCMが**キャズム**を越えるきっかけとなっているのです。

そもそもキャズムとは、「**イノベーター理論**」における初期市場と普及市場のあいだにある、深い溝のことです。この溝を越えることができなければ、商品やサービスを広く一般に拡散できない（普及させられない）とされています。

どんなにWebサイトやソーシャルメディアの影響力が高まっていると言っても、未だにテレビを観ている人はたくさんいます。特に年代や地方によっては、今も絶大な力があります。視聴者数そのものは大きく低下することなく、むしろ増えていると試算しているデータもあるほどです。

両さんの亀有公園前派出所がテレビに取り上げられたのは、ある意味〝たまたま〟です。

しかし、一般市民とのコミュニケーションとして、テレビというプロモーション活動を考慮しておけば、それだけでプラスのイメージを醸成することも可能だと学んだはずです。

適材適所でビジネスを進める

テレビや新聞で取り上げられた結果、「名物お巡りさん」になった両さん。飼育している動物を有効活用するために、プロダクションをつくりました。得意のマネージメント力を生かしてビジネスへと発展させたのです。

ただし、動物への出演依頼はそうそう来るものではありません。考えた末、両さんは別の手にでます。そう、飼いならしたゴキブリを、営業スタッフとして利用することにしたのです。結局、詐欺まがいの売り方が避難を浴び、介抱泥棒のような手法での販売はできなくなりました。しかし、両さんが動物たちを適材適所で活用しようとした姿勢は、見習うべきかもしれません。

23 未知のビジネスでも、過去の知見を活かして、仮説思考で成功させる

KOCHIKAME's Episode

第120巻「両さんの恋煩い!の巻」

錦鯉が高値で取引されることを知った両さんは、人工交配などの研究開発を始め、短期間でタフに育つ鯉、「両津三色」を生み出す。色彩やサイズも優れており、両津三色は数々の賞を受賞する。マスコミでも取り上げられ、錦鯉ブームに。注文も殺到したが、大量の餌が必要なことや短気な性格が災いし、川や池に捨てられるようになる。鯉たちは持ち前のタフさで、ネス湖やセーヌ川、北極、死海でも繁殖。市民から抗議を受けた両さんは回収を始めるが、水槽はすぐに満杯になってしまう。鯉の寿命は70年もあるのだが……。

高単価ビジネスに挑戦

原価に利益を上乗せして販売するビジネスの場合、効率化による大量生産、あるいは独自チャネルの構築など、大手企業の方が有利になります。つまり、ある程度の規模感がなければ、勝負できないということです。

もし両さんがなんらかのビジネスをする場合、薄利多売では勝ち目がありません。だからこそ、「高単価ビジネス」に参入しなければならないのです。高単価ビジネスとは、原価よりも大きな金額で取引される商品を取り扱う商売のこと。今回は錦鯉です。

錦鯉が高いもので１００万円単位にて売買されることを知った両さんは、さっそく錦鯉の育成に取り組みます。マニアである部長から情報を聞き出し、専門書を大量に読み込み、さらには新潟にまで買いつけに行くほど熱心に。マーケティングリサーチのあとは、研究開発です。

日頃から競馬をしている両さんは、錦鯉の育成と競馬馬のブリーフィングが似ていることに気づきます。そして、馬のブリーフィングと同様に、錦鯉も育成と交配によって大きくなるのではと仮説を立てます。仮説の構築と研究のくり返しは、マーケティングの基本です。

使える道具は何か

知識や情報は収集できても、両さんには資金がありません。そこで両さんは、自分が使える道具に着目します。なるべく安価なポンプとパイプ、ろ過材を入手し、なんと、警察寮のお風呂で錦鯉を育てることにしたのです。

大きな浴槽は水槽の代わりになるだけでなく、お湯を入れることもできます。両さんはすでに、27度の水温を保てば鯉が冬眠しないため、育ちが早くなることを知っていたのです。さらに、海外の品種とも交配させることで、鯉はどんどん大きくなっていきました。

「大成功だ　どんどん大きくなるぞ　もっと大きい水槽が必要だな」

そして、大きな鯉が増えてきた段階で、１００トン級の池、さらには屋内水槽までつくってしまいました。採算がとれると判明した以上、投資は惜しみません。

自社ならではのブランディングへ

投資と研究開発の成果もあり、両さんは巨大な鯉の大量生産に成功。これまでの品種とはサイズがまったく異なります。そこで両さんは、自社ならでは品種として「両津三色」と名づけ、ブランディングすることにしました。

両さんが取り組むビジネスは、ほぼ、一定の流れがあります。商機をつかみ、勉強・研究をし、投資を重ね、ブランディング。さらに、たくみなメディア戦略で広めていく。今回も、両津三色がブームになった途端、TVアニメ、ゲーム、映画、おもちゃなど、メディアミックス戦略を進めています。

これらの手法はある意味、自らブームをつくるための王道です。もちろん、**プロダクト・ライフサイクル（「導入期」→「成長期」→「成熟期」→「衰退期」の4段階）**を考慮すれば、いずれはピークが訪れるため、撤退時期も考慮すべきなのですが……。

それ以外がバッチリなので、もったいないと言わざるを得ません。

24

ヒットの原因と背景を探り、ブームの再来を仕掛ける

KOCHIKAME's Episode

第63巻

「夢の珍発明!P.C.カメラの巻」

両さんはカメラ屋の主人と高級二眼レフカメラを開発する。二眼レフのブームは過ぎていたが、両さんは、歴史は繰り返すと主張する。同時に「鼻メガネ」のようなデザインのカメラ「てめえ!! じたばたすると写すぞ」を開発。パーツは紙製、レンズは水で作られており、390円で販売できる計算に。爆発的にヒットし、続いてフラッシュつきの商品を開発したが、フラッシュの光熱でボディが焦げて穴が開き、フイルムが感光してしまう。返品の山となりカメラ屋は潰れてしまうが、両さんは懲りずに「日光写真」の開発を勧める。

流行はいずれ去る

ヒット曲、ファッション、ゲーム、お笑い芸人など。それぞれの年代ごとに、一世を風靡した流行が存在しています。たとえばゲームで言えば、1983年に発売された「ファミコン」、1996年に発売された「たまごっち」、最近では「ポケモンGO」などが挙げられます。

たしかに、自ら流行をつくりだすのは難しいです。しかし、その流行に乗ることはそれほど難しくありません。特定の分野に着目し、いま、世間で何が流行しているのかをつねにウォッチしていれば、流行に乗ることが可能です。

とくに企業の場合で言えば、流行が広がる少し前に取り入れ、商機に変えることが大切です。周囲のみんなが使いはじめてからでは遅いのです。そうではなく、あらかじめ「これが流行しそうだ」と敏感に感じ取り、先取りしてしまうこと。そうすることで、大きなチャンスをつかめるのです。

では、なぜ流行を先取りしなければならないのでしょうか。その理由は、どんな流行もいずれは終わってしまうからです。「世間ではこれが流行している」とわかってから商品をつくっても間に合いません。もしブームが去ってしまえば、それらはすべて在庫として残ってしまうのですから。

ヒットの原因と背景を知る

今回、両さんが着目したのは「カメラ」です。一眼レフからインスタントカメラまで、既存のニーズに沿ったカメラはたくさんありますが、新しい流行をつくりだすために試行錯誤しています。

「だからこそわたしたちが第3メーカーになれるチャンスなんだよ」

二眼レフカメラ、オートフォーカス300ミリレンズなど、斬新な商品を開発する両さん。しかし、なかなかヒット商品は生まれません。さらには、アタッチメントをつけることで、フリーハンドのシャッターをつくるなど、発想はおもしろいのですが……。

基本的に、独りよがりな両さんは、顧客の需要を考えずに新商品を開発してしまうため、世の中のニーズからはずれたものをつくってしまいます。

プロモーションはやり方しだい

そんな両さんに転機がおとずれます。なんと、３９０円でつくれるカメラを開発したのです。発売価格は５００円。商品名は「てめえ！　じたばたすると写すぞ」というもの。モスバーガーのように、すでに大手が存在している市場で頭角を現すことはできるのでしょうか。

結果、両さんのカメラは大ヒット。価格の安さとユニークなデザインが若者に受けたのです。ただ安いだけでなく、プロモーションを工夫することで、後発でもヒット商品を生み出すことは可能なのです。

もっとも、第二弾でフラッシュをつけたのはいいものの、ボディが紙だったので、フィルムが感光してしまいました。カメラ屋は廃業。それでも、両さんはあきらめていなかったのですが……。両さんのお金に対する執念は並大抵のものではありません。

25

バイラル・マーケティングで、口コミからマスへ広げていく

KOCHIKAME's Episode

第112巻

「打ち上げ花火パニック!!の巻」

ある夏、メッセージ入りの花火が話題に。これは両さんが知人の花火師に頼まれて考案したものだった。両さんは大量生産を勧めるが、花火師は従来の商品を製作が間に合わないからと断る。両さんは若い職人を引き抜き、警察寮で花火を作り始める。メッセージ入り花火はテレビなどで紹介され、大ヒット。両さんはブームはひと夏で過ぎると考え、工場を署に移転し大量生産する。しかし、署で行われた防火訓練の火が引火し、爆発。両さんは100年間の減給となり、100億円の借金を抱えてしまう。

古き良きものをカスタマイズ

夏といえば花火の季節。両さんら派出所のメンバーも、花火をすることになりました。そもそも花火の歴史は古く、日本では１４００年代の記録や１５８９年に伊達政宗が観賞したという文書も残されています。それだけ昔からあるものなのです。

昔からあるものというのは、それだけ多くの人に愛されてきた証拠です。もし、現代風にアレンジすることができれば、新しい価値を生み出せる可能性もあります。

もともと幼いころから花火に親しんできた両さんは、知り合いの花火師にたのまれてメッセージ入り花火を考案。すると、雑誌に取り上げられるほどの話題となったのです。花火に遊心を加えることで、遊びからコミュニケーションへと進化した証拠です。

もちろん、両さんはこのチャンスを見逃しません。

「ブームは今しかないんだぞ!!　乗りかけたこの夏が勝負だ」

バイラル・マーケティングの基本

ただし、両さんのような素人が実際に花火をつくることはできません。火薬類は頑丈な場所での保管が義務づけられていますし、周囲に人家が少ない場所でしか製造できないのです。自宅でつくるなど言語道断です。

それでも、お金を稼げるならなんでもやる両さん。若い花火職人を引き抜き、自ら花火づくりにチャレンジします。その結果、メッセージ花火はさらに有名に。「両津江戸花火堂」はマスコミでも取り上げられるようになりました。

まずは周囲の人に使ってもらい、口コミで広める。次にマスメディアで報じてもらい、さらに多くの人に使ってもらう。このような流れは、「**バイラル・マーケティング**」の基本です。そして、ブームになったらさらに生産数を上げ、収益力を高めます。

「もっと生産数を上げるんだ　花火もブームもひと夏で燃えつきるからな!!」

リスク対策を忘れずに

いつものことではありますが、両さんはリスク対策がまったくできていません。火薬を使うための条件が細かく規定されている理由は、それだけ危険がともなうものだからです。そして、今回もまたやらかしてしまいました。

火薬の保管場所を警察署に移した両さん。その日、悪いことに合同消火訓練と重なってしまい……。両さんは、100年間の減給と100億円の借金を抱えてしまいました。

マーケティングと言うと、つい攻めのマーケティングにばかり目が行きがちです。スタートアップやベンチャー企業など、小さくはじめて大きく育てる事業であればなおさらです。

しかし、リスク対策をおろそかにしてはいけません。両さんのように、せっかく稼いだお金を、花火のように一瞬で散らせてしまっては何の意味もないのですから。リスクに対して敏感になりましょう。

第4章

Analysis of Kochikame's Marketing

マーケティングはターゲットが重要

26

自社の「競争上の地位」に応じた、攻め方を考える

KOCHIKAME's Episode

第60巻

「玉虫巡査登場の巻」

派出所に配属された玉虫巡査は回りくどく難解な敬語で話す。指導巡査を命じられた両さんは玉虫を連れてパトロールに出かけ、「いらない会話が多すぎる、イエスとノーだけで十分だ」と教育する。派出所に戻ると鍋の訪問販売員が来ており、両さんは断ろうとするが、強引に勧められる。そこで玉虫が屁理屈を並べて問い詰めると、セールスマンはタジタジに。後日、玉虫は結婚式のスピーチを考えていた。中身のない話でももっともらしく話すことのできる玉虫はスピーチも得意で、署長に頼まれて書いていたのだ。

なぜ一位を狙うべきなのか

話の冒頭、両さんは中川や麗子と警察学校の卒業生が増えている実態について話しています。その背景にあるのは、多くの学生が公務員を目指している実情。この点について、両さんは辛辣なコメントを残しています。

「学生のうちは個性を大切に自由に生きるとか野望を持って人生にチャレンジするなどほざいてたくせにけっきょく親方日の丸か大企業に就職しちまうんじゃねえか！」

将来が安定しているのはたしかに魅力です。無理にチャレンジするよりも、波風を立てずに生きていた方がラクでしょう。

ただし、ことビジネスの世界においては、そのような発想は危険です。なぜなら、一位と二位以下では大きな差が生じてしまうからです。

たとえば、日本で一番高い山は富士山です。小学生でも知っています。しかし、二位の山を知っている人はほとんどいません。三位以下も同様です（ちなみに、二位は南アルプスの「北岳」で、三位は北アルプスの「奥穂高岳」です）。

このように、一位とそれ以下で大きく認知度およびイメージが大きく異なることを考えれば、「無理にチャレンジする必要はない」という発想はいただけません。

それぞれの立場に応じて攻め方がある

企業においては、それぞれの立場に応じて、適切な〝攻め方〟というものがあります。それが、フィリップ・コトラー教授が提唱している「**企業の競争上の地位**」です。具体的には「**リーダー**」「**チャレンジャー**」「**フォロワー**」「**ニッチャー**」の4つに分類されています。

リーダーとは、トップに君臨している企業のことです。規模の経済や製造コストの低下、高い収益性に加えて、ブランド認知や流通チャネルへの交渉力など、さまざまな恩恵を受けています。そのため、現在の地位を維持するために、既存のシェアを生かしつつ、業界をリードしなければなりません。

チャレンジャーとは、業界二位のシェアを確保している企業のことです。さらなるシェア拡大と認知度の向上を目指し、一位企業を追いかけるかたちとなります。とるべき戦略としては、「**直接対決**」「**後方攻撃**」（自社よりも小さい企業のシェアを奪う）「**背面攻撃**」（リーダーが参入していない領域に注力）などがあります。

フォロワーとは、差別化が困難な成熟した業界において、二位以下の地位についている企業のことです。たとえば、鉄鋼やセメント業界で見られます。このような業界においては、競争する手段は価格しかありません。そこで、無理にトップをねらわずに、トップに追随した価格や製品で生き残りをかけるのが得策となります。

ニッチャーとは、大手企業とは戦わず、特定の領域で独自の地位を築いている企業のことです。たとえば、「成果報酬型」の人材ビジネスを展開しているリブセンスは、大企業が多い人材業界において、独自の地位を獲得することに成功しています。その理由は、成功報酬型という大手企業が参入するメリットのない市場を形成できたことにあります。

27

「最適なときに、最適な場所で稼ぐ」のが、マーケティングの王道

KOCHIKAME's Episode

第45巻

「新名物・屋台銀座の巻」

夕方から屋台が並び始め、夜にはまるで銀座のような賑わいになる「屋台銀座」のパトロールを命じられた両さんは、屋台の大将を訪ねる。屋台の生存競争は激しく、大将は変わった屋台をたくさん作っていた。両さんは大将と二人で、床屋とコンビニの屋台を開き、大盛況。両さんはかき氷の屋台を任されるようになった。ある日、屋台銀座にパトカーに追われたライフル魔がやってくる。両さんは道路に屋台を並べてライフル魔を追い込み、逮捕するが、仕事中に屋台を開いていることが部長にばれてしまう。

まずはおもちゃで研究する

両さんはおもちゃが大好きです。交番勤務のかたわら、いつも何らかの工作をして遊んでいます。しかし、ただ遊んでいるのではありません。おもちゃを使って何らかのビジネスに結びつけられないかと、日夜、研究しているのです。

「こっちは個人企業だ！　メーカーみたいに大資本で研究開発するには金の差がでるのはあたり前だ！」

両さんのいいところは、それを楽しみながら実践していることです。自分が楽しむことで、同じような趣味嗜好をもっているターゲットを相手に、有利なビジネスを展開できるのです。

「ゲームアンドウォッチ」や「ゲームボーイ」の生みの親である任天堂の横井軍平氏は、仕事の合間に、暇つぶしがてらさまざまなゲームをつくっていました。その姿を、当時の社長である山内溥氏に見つかり、怒られると思いきや、「そのゲームを商品化しないさい」と命じられたのです。

そのとき生まれたのが、後にヒット商品となった「ウルトラハンド」です。

屋台を活用してポジショニング

屋台のパトロールに来た両さんは、そこで、数多くの屋台を目の当たりにします。回転寿司やパン屋など、変わり種のものもチラホラ。もうかると聞き、さっそく両さんもチャレンジすることに。

大将の熊田と訪れたのは、なんと丸の内。こんなところで何を売るというのでしょうか。そこで熊田が取り出したのは、床屋セット。裏はパチンコ屋になっているため、待ち時間も収益化できます。

このように、場所を問わない屋台であれば、これまでに不可能であったポジショニングも可能となります。必要なときに、必要な場所でビジネスをする。そこに需要があれば、いつでも商売にしてしまおうとする姿勢は、見習うべき野心です。

熊田「これからの屋台はアイデアだよ　町の店に負けちゃいられないからな！」

骨の髄までビジネスにする

どこで何が必要とされているのか。そこでビジネスを展開するには何が必要なのか。このように、マーケットを俯瞰でみる能力があれば、どんな商売でもやっていけます。一方で、近視眼的になってしまえば、既存のサービスしか提供できないのです。

また、屋台を移動式のショールームと考えれば、そこもひとつの営業拠点となります。定められた場所でしか商売をしていなければ、ビジネスの発展はのぞめません。

インターネットが普及してくれば、インターネット上でも売る。移動できるのなら、移動して販売する。そのような発想から次のビジネスチャンスが生まれてきます。

最終的に、両さんが選んだ屋台は氷屋でした。季節的にはちょっと早かったのですが、季節を先取りしていたため、競争に巻き込まれることなく商機をつかむことができました。コンビニのおでんと同じ手法です。

28

マネタイズの発想次第で、斬新なビジネスモデルを生み出せる

KOCHIKAME's Episode

第74巻

「人気漫画家を目指せ！の巻」

出版社の社長から本が売れないと相談を受けた両さんは、マンガ雑誌を作ろうとするが、作家が集まらない。そこで新人に人気作家を真似て書かせようと考える。さらにコスト削減のため、マンガスクールとして授業料を集め、そこで原稿を書かせる方法を思いつく。創刊号が完成するが、まったく売れない。生徒からは無名の雑誌に載ってもうれしくないと抗議され、有名雑誌の表紙を張り付けた本でごまかそうとするが、ばれてしまう。マンガスクールは廃校になり、授業料は全額返済。両さんは結局大損してしまうのだった。

雑誌ビジネスに参入

電子書籍の普及にともない、最近では売れ行きが伸び悩んでいる雑誌。しかし、インターネットが普及するまではコンテンツの集合体として機能しており、それぞれのジャンルにおいて存在感を発揮していたのが実情です。

ある日、両さんが目撃したのは、本が大量に捨ててある現場。なんでも、返品が多くて困っているとのこと。そこで両さんは、マンガ雑誌をつくるよう提案します。マンガ雑誌を成功させるには、人気作家に描いてもらうこと。しかし、そう簡単にはＯＫしてくれません。

そこで両さんはどうしたのか。マンガマニアを20人ほど青田刈りし、描かせることにしたのです。マンガ雑誌のビジネスモデルを解体してみると、どうしても作家への原稿料がネックになります。この点に着目した両さんはさすがです。

ただし、ネームバリューがない作家では読者が食いつきませんし、素人ではクオリティの担保ができません。どのマンガ雑誌もそうですが、人気作家の確保に苦慮しているのは、こういう事情があったのですね。

出版社ではなくマンガ教室

一番ネックとなる原稿料。ここを削減できれば、安価に雑誌を提供することができます。考えに考えた末、両さんが考案したのは、出版社からマンガスクールへの転換です。

つまり、こういうことです。作家としてマンガを描かせるのではなく、授業の一環としてマンガを描かせることにより、完成原稿をただで入手しようとしたのです。しかも、マンガスクールとしての授業料はしっかりといただく。そのお金で印刷や製本をすれば、タダで雑誌がつくれるというわけです。

「生徒は自分の漫画が本に載って喜ぶ！　こっちもタダで本が作れて喜ぶ！　みんな大喜び！」

そう簡単にいくとは思えませんが、「win - win」や近衛商人の「三方良し」という発想は、マーケティングの基本です。

フリーミアム化するマンガの世界

今回、両さんが考案したやり方は、マンガ雑誌のコンクールに似ています。賞金は出るものの、安い金額で数多くの作品を集め、収益は出版社がとる。うまい仕組みです。しかし、それもマンガ雑誌が売れていなければ意味がありません。最近では、無料のスマホアプリでマンガが読めるものもあり、マンガは徐々に「**フリーミアムモデル**」になりつつあります。

フリーミアムモデルとは、基本的なサービスを無料化し、人を集め、より高度なサービスで課金するというスタイルのビジネスです。このようなモデルが普及している以上、いつまでも有料モデルで勝負するのは難しいでしょう。

どうやって優れた作家を集めるか。そして、どのようにしてマネタイズするか。そこに、ビジネスチャンスがあるかもしれません。

29

新規参入は、顧客を知り尽くし、〝刺さる〟キャッチコピーで攻める

KOCHIKAME's Episode

第112巻

「両津警備保障会社の巻」

葛飾区では空き巣が多発。両さんは左近寺、中川とともに次々と空き巣を逮捕していく。どうせ捕まえるなら給料が上がるところがいいと、両さんは中川の経営する警備会社でバイトを始める。そこでノウハウを学び、中川警備会社100％出資の子会社を設立。警官、自衛官、格闘技系の男たちを集め、中川の資金で車両や装備も強化する。外国の特殊部隊もメンバーに加えて世界最強の警備会社に。しかし、アイドルのコンサート会場では、警備の役目を果たせない。軍隊も女の子のパワーには叶わないのだった。

まずは相手（敵、買い手）を知り尽くす

「防犯強化月間」として、地域の防犯に取り組むことになった両さん。まずは、どのようにして空き巣被害が発生しているのかを知ることからはじめます。そう、最初の段階において、相手を知り尽くすことが大切なのです。

中国の兵法書である『孫子』にも、「彼を知り己を知れば百戦殆《あや》うからず」という言葉があります。つまり、相手がどのような行動をするのかをあらかじめ把握しておけば、適切な対応ができる、ということです。空き巣対策もビジネスも同じですね。

競合他社について知り尽くしていれば、どう攻めればいいのかがわかります。また、顧客について知り尽くしていれば、どのような販売戦略が最適かも見えてくるのです。マーケティングの根幹にあるのは、市場を知ることです。

「家に入る時は玄関から入るから一番遠い窓から逃げるわけだ」

ノウハウを学んで会社を設立

中川が運営する警備会社で社員を募集していることを知った両さん。さっそく、アルバイト生として入社します。本業より仕事にはげみ、成績はトップクラス。もちろん、ノウハウの収集にも余念がありません。

そして、ついに「両津警備会社」を設立。警官、自衛官、格闘家などの人材を独自のルートで集め、差別化を実現します。法律のすき間をぬって、重装備を敢行。軍隊並みの装備が話題を呼び、マスコミでも取り上げられました。

警備会社の需要が高まっていることからも明らかなとおり、人は安全・安心にお金を投資するものです。とくに、実績があればなおのこと。

両さんによる、得意のプロモーション活動も功を奏し、ビジネスは加速していきました。

「世界最強」という名のプロモーション

他社との違いを理解してもらうには、オリジナルのキャッチコピーが有効です。両さんは、実績をあげながら海外からも評価を得て、さらに外国の特殊部隊も自社のメンバーに加えました。その結果、「世界最強の警備会社」と評されるようになったのです。

その他にも、「軍人並みのタフさ」「すべて合法の重装備」など、耳目を集めそうなキャッチコピーがズラリ。両津警備会社の評判は、話題性もあいまって高まっていきました。

もし、自社のビジネスが評判を得られないのなら、キャッチコピーを工夫してみるのもひとつの手です。もちろん実績がともなっていなければ意味はありませんが、その実績を知ってもらうことも大切なのです。

顧客が何を求めているのか。それを端的に表現する言葉は何なのか。そして、その言葉にインパクトはあるのか。そのような視点から、よりセンセーショナルなコピーを考えてみましょう。

30

ありふれた商品・サービスでも、「コト消費」で新たな価値を創造できる

KOCHIKAME's Episode

第85巻

「空飛ぶ屋台!?の巻」

屋台でラーメンを食べる両さん。店主から、高層タワーの住民が狙い目だが、食べに来てくれないという話を聞く。両さんは手軽な出前の方法を考え、熱気球で届けることを思いつく。商売は常連客を見事に掴み、大繁盛。商品の種類も広げ、空飛ぶコンビニとして売り上げが急増する。ある日、いつも通り江戸川を渡り帰ろうとすると、花火大会が開催されていた。熱気球は上空に逃げたが、十号玉の花火が直撃。売り上げのお金もばらまかれ、一万円札の降る花火大会となった。

客がいるところに出向く

屋台を営業している両さんの友人、石渡。客を求めて、最近では千葉県の高層団地まで行っているとのこと。しかし、周囲に飲食店が少ないとの噂が広まり、ライバルの屋台はどんどん増えているのが実情です。

石渡「高層タワーの住民が狙い目なんだけど…わざわざ食べに来てくれないんだ」

それを聞いた両さんは、出前することを思いつきます。もっとも、屋台を引きながら高層マンションの住人に出前をすることはできません。では、どうすればいいのでしょうか。両さんが考案したのは、気球を使った「空飛ぶ屋台」でした。知り合いの気球仲間に声をかけ、無料で熱気球を借りることに。斬新な発想力と、チャンスに飛び込む意気込み。そして、実現へのバイタリティはさすがです。

モノだけでなくコトを提供

ある住人が、高層タワーから外を見てみると、電話番号が記載された熱気球が。さっそく電話してみると、手際よくラーメンが運ばれてきました。物珍しさもあってか、次々に注文が入ります。

この両さんの手法。ただラーメンを出前してもらえるということだけでなく、熱気球によってラーメンが運ばれてくるという「**コト消費**」にもつながっています。

単純にラーメンを食べたいのであれば、普通に出前すればいい。しかし、熱気球から運ばれてくる体験は、両さんのサービスでなければ味わえません。モノがあふれている現代においては、このようなコト消費という視点もまた、重要なのです。

こうして両さんたちは、少しずつ、常連客を獲得していきました。

商材を変えて売上げ拡大へ

もっとも、ラーメンだけでは、利用者の拡大が見込めません。そこで両さんたちは、おにぎり、雑誌、ビデオなど、商材を増やしていったのです。その結果、売上が急増していきました。さらに利便性を高めるために、料金は月末払いに。ぬかりがありません。

このように、うまくいった方法を応用し、商材を増やしてビジネスを拡大する手法は有効です。かつては書籍の販売が主流だったアマゾンも、いまでは家電から衣料、食品まで、さまざまものを取り扱っています。

ユーザーにとっての利便性を高めつつ、さまざまな需要に応えれば、売上を伸ばすことは可能です。そしてビジネスの改良は、やりながらでいいのです。

最終的には花火で散ってしまった両さんたちの売上。壮大なボランティアになってしまいました。しかし、このような販売方法は、いつの日か、ドローンなどの技術で実現するかもしれませんね。

31 カスタマーリレーションズのキモは、顧客データの活用

KOCHIKAME's Episode

第92巻「レンタルビデオ・人生模様！の巻」

両さんはレンタルビデオ店でアルバイトを始め、延滞料金が店の大きな副収入になっていることや、アダルトビデオを借りる人の傾向、深夜テレビとレンタルビデオの競合など、業界の裏事情を知る。借りたまま返却しない客が多く、取り立てることができたら5割のバックマージンをもらえることに。アダルトビデオのタイトルを大声で言いながらの強引な督促で、次々と延滞料金を回収していく。しかし、度を超えた両さんのやり方は、「不当な取り立て!?」と新聞沙汰になってしまうのだった。

レンタルビデオのビジネスモデル

レンタルビデオショップには、通常の小売店とは違ったビジネスチャンスがひそんでいます。そもそも、数百円のレンタル料金でどうやって採算をとっているのか、不思議に思っている人も多いのではないでしょうか。実は、カラクリがあるのです。

まず、返却が遅れた場合、延滞料金が発生します。延滞ということもあって、通常のレンタル料金より高めに設定してあることがほとんどです。つまり、延滞金がかなりの収入になっているのです。

また、１本あたりのレンタル料金を安くしておけば、それだけ複数本のレンタルが期待できます。その結果、「この店なら借りたいものが借りられる」と、選ばれるようになるのです。常連客の獲得ですね。

このようにして、くり返し利用してもらえるようになれば、その価格があたり前になります。あとは、新作を高めに設定したり、複数本のおまとめレンタルでお得にしたりするなどの工夫ができるようになります。

カスタマーリレーションズを意識して

また、レンタルビデオショップで大事なのは、顧客情報です。会員になるとわかりますが、個人情報を提出する必要があります。その情報を、レンタルビデオショップがマーケティングに利用しているのです。

店員の釜橋は次のように述べています。

釜橋「貸出・返却はむろん月のビデオタイトルの回転数や人気の順位など資料にするわけです」

顧客のデータをマーケティングに活用している企業は少なくありません。たとえば、コンビニで買い物をすると、レジの店員は最後に男女と年代を区別するボタンを押しています。これは、どんな性別・年齢の人が、どんな時間にどんな商品を買っているのかを、データとして蓄積するためです。

そして、そのデータにもとづいて、商品の発注や開発をする。このように、日々の業務がマーケティングと連動しています。とても効率的ですね。

小規模店は店の特色で勝負すべき

釜橋「小規模店は店の特色で固定客を確保します」

このあと、話はレンタルビデオショップの種類にまでおよびます。大手チェーン店と異なり、小さなお店の場合、特色を出さなければ生き残れません。たとえば、ホラー専門店、アニメ専門店など、特定のユーザーを囲い込む必要があるのです。

ニッチな需要を取り込めれば、その分野で強く支持されます。好みが細かく分類される業界だからこその施策ですね。

日々の業務のなかで、コツコツとマーケティングリサーチを行えば、最適なラインナップに近づけるはずです。収集した情報をそのまま放置せず、有効活用することが大切です。

32

マニア相手のビジネスは、「限定品」など琴線に触れるキーワードを使う

KOCHIKAME's Episode

第112巻「正しきコレクター道!!」の巻

コレクターは限定品に弱いと語る両さん。そこへコレクター仲間がやってくる。彼はゲーム「セングラ」のグッズを買いまくり、破産していた。両さんはコレクターたちを集め、「限定品など欲しがるな」と主張する。ある日玩具メーカーの相談を受けて、「セングラ」と航空会社とのタイアップを企画。「セングラ」デザインの飛行機模型などがヒットしたのを機に、関連グッズを売りまくる。コレクターたちに買わせるため、「借金してでも欲しいものを買え」と主張を一転。しかし、自分で商品を企画していることがばれてしまう。

コレクションをビジネスへ

一度はじめるとなかなか止められないコレクション。そこには、購入させるためのたくみな販売戦略が組み込まれています。たとえば、「創刊号」「レア物」「コミュニティ」など。人の「集めたい欲求」を刺激するような施策が講じられているのです。

今回、両さんが着目したのはカプセルトイ（いわゆる〝ガチャガチャ〟）のコレクション。完成度およびマニアック度合いからターゲットは大人ではないかと推測しています。たしかに、子どもを相手にするよりも、大人を相手にした方が購買される可能性は高そうです。いわゆる「**大人買い**」が期待できるためです。

コレクションは、自分だけで楽しむものではありません。コレクター仲間に自慢して優越感を味わいたいという人もいるでしょう。それぞれで交換する楽しみもあります。

また、大事なコレクションは、専用のケースで保管したいという需要も。整理して保管しておけば、眺めているだけで達成感も得られます。そのように、コレクションはさまざまなビジネスと結びつけることができるのです。

限定商品で売上を伸ばす

マーケティング心理の側面から、コレクターが抱えている需要について考えてみましょう。たとえば、「なかなか手に入らないキャラクターが欲しい」「限定品を手に入れたい」などが代表的なものです。

そのような心理をビジネスに活用しているのが、スマホアプリの課金です。レアなキャラクターをゲットするためには、何度もガチャをくり返さなければなりません。たしかに企業は儲かりますが、高額な請求が発生することも多く、問題視されているのも事実です。それに、コレクションそのものは、周囲の人に対して価値を与えるものではありません。人によっては、何の魅力も感じないということもあるでしょう。それだけに、あおるような販売手法は、マーケティング倫理に反する場合もあるのです。

「お前の収集《コレクション》してるのゴミだぞ！…とはっきり言えない所がコレクター同士のつらいところだ」

ビジネスは伝え方（啓蒙）が大事

途中までは、過剰なコレクションに対して疑問を呈していた両さん。しかし、お金になるとわかってからは、態度が急変。挙句の果てにゲームの企画代理会社までつくり、独自の人脈でマニアグッズを売りつけるようになりました。

「コレクションは心を豊かにしストレスをなくします」

ここで得られる教訓は、同じ商品でも、伝え方によって大きく変わるということです。両さんの手のひら返しで、どれだけ多くの人がだまされてしまったことか……。

コレクションを楽しむのもよし、限定品で販売するのもよし。しかし、人をだましてまで商売をしてはいけません。そして、それを見抜くことができるのは、購入しようとする顧客だけなのです。

33

差別化の方向性と資源の集中投下が、価格競争を回避する唯一の道

KOCHIKAME's Episode

第127巻

「ガチャガチャ ゴチャゴチャパラダイス！の巻」

両さんは婦警の写真データ入りのメディアを「ガチャガチャ」の賞品にして設置。口コミで噂が広がっていく。続けてデジカメなどの高級賞品で人気を集めるが、他メーカーに真似される。そこで住宅や旅行を賞品にするなど競争はエスカレートし、街はガチャガチャの飽和状態に。モノの賞品は限界だと考えた両さんは、中川や麗子との出会いを賞品にしたインターネット版ガチャなどを考える。麗子の秘密グッズが入った「裏ガチャ」でも儲けるが、あっさり捕まり、等身大フィギュアとして自分自身が賞品にされてしまう。

タダでビジネスをする強み

　ガチャガチャのマシーンを大量にひろってきた両さんは、いつものように金もうけをたくらみます。知り合いからもらったスマートメディアに婦警の水着写真を入れ、「メモリーガチャガチャ」として販売することにしたのです。

　両さんの戦略がたくみなのは、設置先に秋葉原を選択したことです。ここなら、日本中からマニアが集まってきますし、他のガチャガチャもあるので違和感がありません。

　さらに両さんは、サクラとしてアルバイトを雇用。ガチャガチャの中身が「秘密の写真」であると言いふらしてもらい、口コミ効果を発生させたのです。ヤラセではありますが、その噂はどんどん広まっていきました。

「宣伝より口コミの方が効果あるからな」

明確なターゲティングがカギ

ガチャガチャがもうかるとわかった両さんは、さらに大型のガチャガチャに挑戦。電器屋とタイアップし、デジカメやモバイルパソコンを景品にしたのです。これがまた大ヒット。そして、麗子の人脈で宝石メーカーとのタイアップも実現。高級ガチャガチャも展開しました。

明確なターゲティングにより、需要があるかどうかを見極める。そのうえで、ターゲット層を変更しつつ、価格も調整し、さらに次の展開へと進んでいく。このように、テスト・マーケティングを戦略に含んでいる両さんのやり方は、とても効率的です。

ただし、参入が容易ということもあり、すぐに他社に真似されてしまいました。当然の結果です。大手企業がよくやることですが、差別化をせず、中途半端な商品展開をしていると、資金力でつぶされてしまいます。

ここで両さんがとるべきなのは、大手企業やその他の競合が真似できない、独自の商品やチャネルで勝負することなのですが……。

他社に追随させない工夫を

次に両さんが考案したのは、クルマや住宅、そして海外旅行のガチャガチャ。話題性はありましたが、差別化することができず、次々に他社が参入。しかも、欠陥住宅や無理な日程の旅行など、当たっても素直に喜べない商品が増えていったのです。

このように、どんなに斬新な手法でビジネスを展開しても、一時期の話題を得るだけでは継続性がありません。そうではなく、オリジナルの強みを発揮しつつ、独自のサービスへと昇華させなければならないのです。

利便性で勝負するのか、それとも商品ラインナップで勝負するのか。はたまた、地域や顧客に密着するのか。そのように、具体的な差別化を実践しなければ、いずれは価格競争に陥ってしまいます。

差別化の方向性を明らかにし、そのうえで、利用できる資源を集中的に投下すること。使える資源がとぼしい企業ほど、そのような思い切りが欠かせないのです。

34

予想を超える"サプライズ"で、顧客の心をガッチリ掴む

KOCHIKAME's Episode

第61巻

「納涼花火大会の巻」

部長に孫の「桜」が生まれる。派出所のみんなでお祝いをすることになるが、両さんにはお金がない。そこで知人の花火師に頼んで、孫の名前に合わせたピンクの打ち上げ花火を作ってもらう。お祝いの当日、両さんは普通の家庭用花火をプレゼント。ピンクの花火はその日行われていた花火大会の最後にサプライズで打ち上げられ、一同を感動させる。両さんが持参した花火は手作りで、部長のための花火もあった。しかし、点火された花火はそのまま燃え尽きてしまい、部長の前途を不吉に暗示するのだった。

人脈はいざというときに役立つ

お金がない。両さんの場合いつものことですが、今回ばかりはそうも言っていられません。なぜなら、お世話になっている部長のお孫さんが産まれたからです。お金がなければどうするのか。そう、こういうときこそ人脈がものを言います。

そもそも人脈は、マーケティング的に考えると、「目に見えない資産」ととらえることができます。日頃から交流関係を充実させておき、いざというときに助け合える関係性を構築しておけば、問題の解決につながる可能性があるからです。

今回、両さんが頼った人脈は花火師。いわゆる職人です。ただし、夏の繁忙期ということもあり、忙しそうにしています。もっとも、そこは交渉上手の両さんのこと。

「実は来週の競馬ですごくいい情報が入ったんだ！」

交渉とマーケティング

実は、交渉とマーケティングは密接な関係にあります。マーケティングが市場を分析しつつ、もっとも最適な価値を提供することにあるのなら、交渉はその価値と価値とを交換するための話し合いです。

両さんにとっての価値とは、部長が喜ぶプレゼントです。夏ということもあり、花火がいいのではないかと考えています。一方で、その花火をつくる職人にとっての価値は、競馬の情報にあるようです。きっと両さんとは、競馬仲間なのでしょう。

ここで、その二つの価値をお互いに交換すれば、交渉成立です。マーケットにおいて私たちがお金と物を交換しているように、物と物とを交換することもまた、商取引の一類型に変わりないのです。

「ま　おまえさんの花火の進行ぐあいで教えるかどうか考えよう!」

ユーザーの想像を超えたサービスへ

「形にのこるだけがプレゼントじゃありません！　あの光かがやく一瞬の美しさ、桜ちゃんもそんな女性になってほしいとの願いがこめてあります」

両さんがプレゼントしたのは、部長の孫である桜ちゃんにちなんだ桃色の花火。さすがの中川や麗子も感心しています。部長の心にもじーんときたようです。

サプライズ要素が求められるプレゼントの現場では、相手の想像を超えた価値を提供することが大切です。予想できるものでは、サプライズにはつながらないためです。

そしてせっかくなら、お金では買えないプレゼントを。それは、相手のことを本当に考えた末にひらめいたアイデアかもしれません。

両さんは、人を驚かせるのが好きなようです。その性格は、相手の予想を超えたサービスを提供するために必要な資質なのですが……。いつも、最後に失敗してしまうのは、なんとも残念なことですね。

第5章

Analysis of Kochikame's Marketing

世の中に受け入れられるものを先読みする

35

口コミは、〝ステマ〟ではなく、実体験や事実で行うべき

KOCHIKAME's Episode

第107巻

「G-SHOCKパニック!!の巻」

G-SHOCKが人気であることを知った両さんは、景品として署内にあったレアもののG-SHOCKを買い取って高く売る。そして、そのお金を元手にシルバー世代向けの多機能時計「G（ジジイ）-ショック」を開発して大儲けすることを考えた。しかし、まったく売れずにできたのは在庫の山。そこでG-SHOCKの偽物（G-SHOOK）として売ることにする。それが発覚して両さんは海外に逃亡するが、その高性能が逆にニュースで話題となるのであった。

G-SHOCKが成功した秘訣「ターゲティング」

かつて一世を風靡《ふうび》し、今も一定の人気を誇るカシオ社の「G-SHOCKシリーズ」。無骨で頑丈なイメージがユーザーの心をつかみ、若者を中心に多くのファンを獲得しました。加熱したブームは沈静化しましたが、現在でもコアなファンに愛され続けています。

G-SHOCKが誕生した背景には、1981年からはじまるカシオ社独自の研究開発、「トリプル10（落下強度10m、防水性能10m、電池寿命10年）」があります。1983年に発売された『DW-5000C』以来、すべてのG-SHOCKシリーズにおいてこの性能をクリアしているのです。

では、どのようにしてG-SHOCKは普及していったのでしょうか。実は、最初のユーザーは、過酷な環境で仕事をする兵士たちだったのです。代表的な例として、アメリカ合衆国海軍特殊部隊「Navy SEALs」に採用されています。現在では、世界の特殊部隊でも使用されるようになりました。また、パイロットや消防士、警察の特殊部隊「SWAT」でも愛用されています。

G-SHOCKがこれだけの人気を博した理由は、「**ターゲティング**」にあると考えられます。そもそもターゲティングとは、特定のグループを対象にして製品を開発する手法のことです。ターゲティングを活用すれば、顧客のニーズが明確になり、自社の資源を最大限に活用できるようになります。

男性と女性が求めるものの違い

人気のG-SHOCKを女性に売ることはできないか。そう考えて開発されたのが、女性向けのG-SHOCK「ベイビーG」です。本編でも、麗子をはじめとする婦警たちがベイビーGを見て騒いでいます。ここにも、ターゲティングの要素が盛り込まれています。認知度のある既存製品を、異なるセグメントに購入してもらうために、新しいニーズを組み込むこと。そうすれば、ブランドをそのまま活用することが可能となるのです。

さらに、細かく設定したセグメントの需要も取り込みつつ、コレクターのマニア心をくすぐるという目的を果たすために、G-SHOCKは通算で500種類以上もつくられています。なかにはレア物やペア商品などもあります。

発売日には長蛇の列ができるなど、プロモーション活動にも貢献しています。アップルの iPhone が発売される日も、毎回、コアなファンが長蛇の列をなしています。これは、人気のラーメン店がそうであるように、無言の口コミとなって集客を促進しているのです。

口コミにはリアリティが大事

さて、そんなG‐SHOCKのブームを目の当たりにした両さんは、警察署に保管されていたレア物のG‐SHOCKを口八丁手八丁で入手します。それらをすぐに転売し、得られたお金で開発したのは、なんとシルバーユーザー向けのG‐SHOCKです。その名も「G（ジジイ）‐ショック」！

ただし、顧客のニーズを想像しただけでは、いい商品を作ることはできません。開発者が勝手に考えたニーズでは、顧客の心をつかむことはできないのです。案の定、G（ジジイ）‐ショックはまったく売れませんでした。その後、両さんはG‐SHOCKのパチモノである「G‐SHOOK」を発売。最後は、捜査官に追われる過程で、自らG‐SHOOK、OKのタフさを実演することになりました。もちろんステマではありません。

36

〝売れる〟と思ったビジネスは、フランチャイズで拡大する

KOCHIKAME's Episode

第32巻

「熱戦!!学園祭の巻」

地域住民とのふれあいの一環として近所の亀有大学で模擬店を頼まれた両さんたち。儲けを全額交通安全対策に寄付する部長・中川・麗子のクレープ屋に対抗して、フランチャイズチェーンの綿あめ屋を展開する両さんは、周囲を巻き込みながらあの手この手で売り上げを伸ばそうとする。しかし、お互いに顧客獲得や売り上げ競争が白熱するうちに勝負にこだわり脱線、当初の目的を忘れてしまうのであった。

顧客の反応から迅速なピボット

中川や麗子と協力して模擬店を出そうと考えた両さん。しかし、あっさり断られてしまいます。そこで両さんが協力を要請したのは、知人のテキ屋。見るからに胡散臭い感じですが、プロの意見を参考にしようとする両さんの発想は間違っていません。

しかし、いざ屋台を出そうとすると、なかなか良いのがありません。ディスコ、スナック、ザリガニ釣りなど、目まぐるしく種類を変えて挑戦していきます。

両さんの場合、ダメだと思ったらあきらめるのではなく、別のビジネスに素早く切り替えています。これはいわゆる「**ピボット**」と呼ばれる手法です。スタートアップ企業などが、当初のビジネスに行き詰ったとき、方向性を変えて事業を継続することを意味します。

通常であれば、ピボットの判断はなかなかできません。なぜなら、当初のビジネスに思い入れがあるでしょうし、計画の変更も余儀なくされるからです。その点、両さんは、気にすることなくスムーズに事業を変えています。

実売からリースへの移行

そして、ついに、綿菓子の屋台がヒットしました。甘さを抑えた塩味など、斬新な味つけをすることで、若い女の子から支持されたのです。

「機械とザラメ3キロを入会金五千円でかそう！　そのかわり売り上げの70％は本店にわたすように！」

さらに両さんは、自分で綿菓子をつくるのではなく、綿菓子の機械をレンタルし、**フランチャイズチェーン**として展開したのです。その結果、みるみるうちに売り上げが伸びていきます。

ヒットしたお店をそのままチェーン展開するのではなく、機械やノウハウを提供することでフランチャイズとして契約する。そうすることで、安定的に事業を進められるようになります。両さんのビジネスセンスは並大抵のものではありません。

売上競争の加熱と利益の低下

両さんの成功を尻目に、部長・中川・麗子は商品を工夫。すると、徐々に売り上げが追いついてきました。あわてる両さん。しかも、マージンの高さのせいか、フランチャイズ店は次々につぶれていきました。

このあと両さんは、中川や麗子の店に嫌がらせをしたり、部長は部長で対抗したりと、泥仕合の様相に。結果、顧客のことを考えず、商売を進めてしまいました。

過当な競争は、安易な価格競争を生み出します。加えて、顧客のことを考えず、他社との競争に明け暮れてしまうと、ビジネスの本質からどんどん離れていってしまうのです。

そもそもの目的は、交通安全対策に寄付するためだったはず。目的を見失い、何のために商売をしているのかわからなくなったときは、当初の理念やビジョン、目的に立ち返ったほうが良さそうです。

37

「プラットフォーム戦略」で、ビジネスの生態系を構築する

KOCHIKAME's Episode

第157巻

「W1レースの巻」

F1（フォーミュラワン）コースをブルドーザー等の作業機械《ワークマシン》が走る世界初の建設機械レース、W1（ワークワン）の賞金5000万円を狙う両さん。陰の開催仕掛け人でありながらも、過酷なレースの中では次々に現れる障害物や幾つもの困難に見舞われる。持ち前の先を読む力で果敢に乗り越えていくも、あと一歩というところで敗退してしまう。しかしそこは両さん、独自の閃きで「賞金掴い取り」を提案することで、何としてでも賞金を手に入れるのであった。

世界初の建設機械レース

「日本初」や「世界初」という言葉には､強力なインパクトがあります。「業界一位」などと同様に、顧客の信頼を得るために活用できるキーワードと言えるでしょう。今回、両さんがチャンレンジしたのは、世界初の建設機械レースです。

Ｆ１やラリーカーのレースであれば、もともと興味がある人はともかく、たいていの人はそれほど関心をもたないはずです。マニアックな世界なので無理もありません。しかし、世界初ということに加えて、身近な建設機械であれば、自然と人々の耳目を集めます。

集客においても、同様のテクニックが必要です。何が新しいのか。今までもどう違うのか。そのような視点からＰＲ活動を行えば、自然と人が集まります。自分たちが理解していればそれでいい、という姿勢ではなく、理解してもらえるための工夫が大切なのです。「茶カテキンが豊富に含まれているお茶」と表現するのではなく､「脂肪の燃焼を助ける効果のあるお茶」とした方が、手に取られやすいのは間違いありません。このようなちょっとした工夫が、マーケティングにつながるのです。

理念を掲げて集客する

スポンサー「建設現場で働く車のふだん見せないパフォーマンスを引きだす　それがこのレースのテーマです」

建設現場のワークマシンというのは、ロボットのような姿をしていることもあり、子どもに人気があります。子どもに人気があるということは、両親と一緒に観戦してもらえる可能性があるということです。普通のレースではなかなか無いことです。

「だれに見てもらうのか」という視点から考えると、集客の可能性が広がります。大切なのは、マーケティング対象だけでなく、その周辺にまで目を向けることなのです。

スポンサー「乗用車の頂点にＦ１《フォーミュラーワン》がある様に！　ワークマシンの頂点Ｗ１《ワークワン》にしてゆきたい！」

グランプリの狙いと効果

スポンサーの発言からもわかるとおり、今回のW1では、建設現場のワークマシンをより社会に周知させること。そして、ワークマシンの操縦者たちに目立てる場所を用意してあげる、などの狙いがありそうです。

その結果、建設機械について、あらためて考えてもらえます。場合によっては、メディアでも取り上げられるかもしれません。定期的に開催すれば、安定的な集客も見込める可能性があります。そうなると、新しいビジネスチャンスも生まれてきます。

マーケティング的な発想でイベントをとらえると、「人が集まるところにチャンスがある」という、**プラットフォーム戦略**に行き着きます。プラットフォーム戦略とは、先に人を集めておいて、そのあとで本来の目的を達成していくことです。とくに、無料でサービスを提供しているフリーミアムモデルのビジネスは、プラットフォーム戦略と親和性が高いです。ビジネスとイベントを結びつける際には、ぜひ、意識してみてはいかがでしょうか。

38

「必要は発明の母」だが、リスク対策をしなくてはならない

KOCHIKAME's Episode

第62巻

「飛べっ!ショルダーコプターの巻」

近い将来パーソナル・ヘリの需要が高まることを予測した両さんは、商品開発を試みる。テスト飛行で東京一周を楽しみつつ、安全性や価格形態、耐久性に装備、二人乗りの可否など改善点や新たなアイデアを思いつき実験への確かな手応えを感じる。しかし、上手く運んでいると思われた矢先、突如上空で行方不明になってしまう。その結果、後にジェット気流に乗ってアラスカ山脈の最高峰、マッキンリー山頂へ飛ばされた所を発見されるのであった。

クルマの次を模索する先見力

先見の明があれば、だれよりも先にビジネスチャンスをつかむことが可能となります。とくに、技術の進歩と社会のニーズ、そしてトレンドを組み合わせて未来を予測できれば、これほど心強いことはありません。

両さんの行動を見ていると、かなり先見の明があるように感じられます。今回の話では、現代で言うところのドローンに酷似したマシンが登場しています。人が乗れるタイプのものなのですが、姿やかたちはドローンにそっくりです。

「都会の渋滞で車が用をたさなくなった現代で次なる乗物はヘリだ！　ゴルフ会議など大会社ではヘリを活用しヘリの登録台数もアメリカのようにどんどんふえている」

これが事実かどうかはわかりませんが、たしかに需要はありそうです。それは、現代においてドローンが注目されていることからも明らかです。

リスク対策は万全に

「そこでわしはきたる21世紀では個人ヘリの時代がくると予想し　いちはやくパーソナル・ヘリを開発したんだ！」

かつての発明家は、両さんのような発想をもっていたのかもしれません。「必要は発明の母」という言葉があるように、便利なツールというのは、社会の問題と必要性から生まれてくるのです。

ただし、安全性には十分に配慮しなければなりません。もし事故など起こしてしまったら大変です。普段からみんなが乗っている自動車においても、つねに安全性が問われています。かつてはエアバッグの不具合による事故などもあり、社会問題になりました。

その点を考慮していないと、ビジネスにはなり得ません。ただ便利、というだけではだれも買ってくれないのです。これからはＡＩ（人工知能）による自動運転技術やインターネットに接続したクルマも登場すると予想されますが、やはり心配なのは安全性です。

失敗から商品開発へとつなげるタフさ

両さんは、自作のパーソナル・ヘリを自ら試乗することに。さまざまなトラブルに見舞われながらも、なんとか乗りこなしていきます。

「ふたり乗りにもじゅうぶんたえられるな　メモしておこう」

気づいたことをすぐメモするあたりも、マーケティング気質ですね。もちろん、試乗しながら性能の確認にも余念がありません。最終的にはアラスカまで飛ばされてしまうのですが、開発への執念と失敗を無駄にしないタフさには目を見張るものがあります。

すでにある技術と日常の不満を組み合わせれば、イメージできる便利な機械はたくさんありそうです。「自分もそのようなアイデアをもっていた」とあとで嘆くのではなく、両さんのように、自ら開発するのもいいかもしれません。

39

パクるならば、中途半端ではなく、TTP（徹底的にパクる）で！

KOCHIKAME's Episode

第105巻

「超育てゲー『モンちっち』の巻」

両さんは、「ポケモン」と「たまごっち」を会わせた「モンちっち」というゲームを販売する。麗子や中川の予想に反して商品は爆発的なヒットをする。ヒットの波に乗って機種のカラーバリエーションとキャラクターを増やした第二弾を発売する。しかし、このヒットに乗じて偽物が出回るようになる。新たな機種やキャラを次々と出すことで偽物に対抗していくのだったが、数があまりにも多すぎて自分でも偽物か本物か判断できなくなってしまうのだった。

パクリと非パクリの境界線

日本人は海外の製品を真似するのがうまいと言われています。自らイノベーティブな製品を開発するのは苦手でも、海外の技術やデザインを上手に取り入れることで、日本なりにアレンジして価値のあるものをつくれるのです。

そのときに、考えるべきなのがパクリ問題についてです。もちろん、法的に保護されているもの（著作権や商標登録）を侵害することは許されませんが、なかには、グレーのものも存在しています。

今回、両さんがつくった「モンちっち」もそうです。ポケモンとたまごっちを組み合わせたものなのですが、中川や麗子からはサザエボン（サザエさんとバカボンを混ぜたキャラクター）のようなゲリラ商法だと揶揄されることに……。

たしかに、価値のあるものをユーザーに提供したいと考えるのは悪いことではありません。しかし、他社のアイデアをそのままパクるという行為は、倫理的にも問題があります。

ヒット商品を生み出そうとする競争が加熱すると、そのあたりの認識が薄れる危険性があるのです。

何が流行るかわからない

では、なぜ他社の真似をしようとするのでしょうか。その理由は、ヒット商品を生み出したいけど、何がヒットするのかわからないためです。そこで、過去にヒットしたものから、活用できる要素を抽出し、組み合わせて提供しようとしてしまうのです。

他社の優れた点を真似すること自体は悪いことではありません。お互いに切磋琢磨することで、より価値のある商品が生まれることは歓迎されるべきです。問題は、限度を超えないということではないでしょうか。

さて、両さんの「モンちっち」は、大方の予想に反して大ヒットしました。関連グッズも大当たりし、両さんはご満悦です。やはり、何がヒットするかは予想できないのです。そして、次の商品も市場に投入していきます。

「あきる前にどんどん投入してゆかねばいかん!」

コピー競争に終わりはない

近隣諸国においても、コピー商品が問題となっています。すでに人気があるものを販売すれば、新たにマーケティング予算を投入する必要もなく、効率的というわけです。もちろん、倫理的どころか、著作権侵害ですから由々しき事態ですが。

本田「中国の工場で安く作り香港のブローカーから日本へ輸入されてるようです」

なかには、有名ブランド品のコピー商品など、素人にはなかなか判別できないものも出回っています。そのような商品が市場に増えてしまうと、心あるユーザーが損をすることになり兼ねません。

本来であれば、業界のなかで自浄作用が機能することを期待したいものです。しかし、だれかが「自分だけもうかればいい」と考えてしまうと、コピー商品はなくなりません。あとは、消費者が自ら判断するしかないのです。

40

高齢者向けビジネスはステレオタイプの見方をしてはいけない

KOCHIKAME's Episode

第129巻

「驚異のシルバーIT!の巻」

21世紀型ビジネスとして、シルバー向けにシンプルな家電「IT電器」を発明し無事に話題性と売り上げを伸ばした両さんだが、元来狙いを定めていたお年寄りにはヒットしなかった。しかし、祖父・勘兵衛の市場は大賑わい。年配者の向上心や気力・体力、活動時間や経済状況を知り尽くし知見に基づいた目線から編み出された故に携帯電話や関連本も大ヒットを飛ばした。若者文化と変わらぬコンテンツの普及やコミックマーケットの開催など、想像以上のお年寄りのパワーに圧倒され続けた両さんなのであった。

マイナスのマーケティング

高機能・ハイスペックのものが、必ずしもみんなに評価されるとは限りません。むしろ、「単純な機能があればいい」「もっと簡単に操作できるものはないか」という、非ネイティブユーザーの意見もあるのです。

携帯大手のＮＴＴドコモは、既存の携帯電話から余計な機能をなくし、「らくらくホン」として発売しています。これこそまさに、デジタル機器に馴染みのない世代を対象にした製品です。そう、今回の部長のように。

部長にとっては、多機能なラジオは好ましくありません。なぜなら、とても使いこなせないからです。そこで購入したのが、昔ながらのラジオ。最低限の機能しかないために、とにかく簡単にラジオが聞ければいいという部長にはぴったりです。

このように、機能をプラスするのではなく、マイナスする発想も、マーケティングには必要です。ターゲットごとにニーズは異なりますし、スキルや知識も違います。どんなに技術力をアピールしたくても、使ってもらえなければ意味がないのですから。

シルバー向け「アイテー電器」

「21世紀型ビジネスとしてこれからのびるかも知れん　ようし…」

部長のような世代の需要を加味して、両さんが考案したのはシルバー向けの「アイテー電器」でした。どの製品もシンプルな機能のみを備えており、どこか懐かしさもただよっています。そのため、ヒット商品となりました。

しかも驚くことに、若い層からも支持を得ることができたのです。レトロなデザインが逆にオシャレととらえられ、支持されたというわけです。

そしていよいよ、シルバーケータイにも挑戦。ただし、らくらくホンのようなものではなく、見た目からこだわった「黒電話」「ダイヤル式」「ベル音」などを採用したものでした。GPS搭載で、迷子になってもすぐわかります。

新しい客層へのアプローチ（市場の創出）

もっとも、顧客というのはそう単純ではありません。両さんが開発したシルバーケータイのユーザーは、若者が中心だったのです。その理由は、シニア世代がケータイ教室に通っていたため。美人講師に使い方を教わり、最新機器を使用していたのです。

シルバー世代というのは、お金もあるし時間もある。さらに、体力もあるのです。それにも関わらず、お年寄りだからとステレオタイプで考えてしまえば、マーケティングはうまくいきません。両さんの敗因は、シルバー世代の実体を見誤っていたことにあるのです。

性別や年齢、国籍などにより、私たちはそれぞれのイメージをもっています。しかし、イメージはあくまでもイメージでしかないのです。世代や男女ではなく「**①潜在層**」「**②準潜在層**」「**③顕在層**」「**④準顕在層**」などに分類し、丁寧に分析する必要があります。

「時間ばかりか金と体力まであるとは…とてもついていかれん！　年寄り《シルバー》世代おそるべし！」

3 4 1

新商品・サービスのアイデアは、掛け合わせで生まれる

KOCHIKAME's Episode

第182巻「ARゴルフの巻」

世間の目を免れて接待ゴルフをするために両さんが開発したAR（拡張現実）商品「どこでもゴルフ」が当事者のみならず、見よう見まねで遊ぶ若者にも大ヒットした。そこからさらに着想を得た両さんは、スポーツをしながら浜辺や森の掃除に協力するエコロジーなゴルフ「エコルフ」を見出す。そして、ついには協会の設立や版権まで押さえ、オリンピックの正式種目にする取り組みまで動きだす。流れに乗って、続々と新しいスポーツを思いつく両さんであった。

「ぜったい安全なゴルフ」というコンセプト

開発と販売には、それぞれ専門的な知識が必要です。たしかに、開発者ほど製品について理解している人はいないかもしれません。しかし、だからと言って、上手に販売できるとは限らないのです。

展示会などに行くとたまに目にしますが、開発者が自ら販売していることがあります。しかし、よほど営業が得意でないかぎり、成果はあがらないのではないでしょうか。なぜなら、営業には営業のテクニックが必要になるからです。

今回、両さんが部長たちにＰＲしているのは「どこでもゴルフ」という商品です。実はこの商品、開発したのは中川電子。しかし、製作者ではなく、両さんが自ら営業をしています。その理由は、両さんが売り込みを得意としているからです。

「署の接待費で落とせばいいでしょう！　ぜったい安全な接待ゴルフですから」

もちろん両さんのことですので、しっかりキックバックを要求しているのは言うまでもありません。

新技術と既存のものを組み合わせる

両さんたちはさっそく、署のお偉方とともにどこでもゴルフを実践することに。表向きは「交通安全指導会」とし、実際はゴルフをプレイするのです。

使用するのはモップと空き缶。それらを、専用のゴーグルでゴルフクラブおよびゴルフボールとして認識させるのです。いわゆるＡＲ（Augmented Reality 拡張現実）の応用です。ＧＰＳ機能も付加されており、地上にバーチャルな空間を作ることができます。

このように、新技術と既存のものとを組み合わせることで、新しい価値を生むことは可能です。だからこそ、マーケターを含めたビジネスの現場にいる人間は、つねに最新の技術をウォッチしておかなければならないのです。

とくに、海外の情報は重要です。なぜなら、日本よりも技術が発達していることが多いからです。インターネットを活用すれば、いつでも海外の情報を収集することができます。

少なくとも、自分が関係しているジャンルの情報はチェックしておきましょう。

既存と既存での掛け合わせが価値を生むことも

また、新たな価値を生むものは、新技術だけにとどまりません。すでにある物とすでにある物を組み合わせて、これまでに無い製品をつくることもできます。

たとえば、今回のようなゴルフであれば、「ビーチゴルフ」「エコフル」「ゴルサッカー」など、既存の物との組み合わせでさまざまなスポーツが発案されています。流行するかどうかはさておき、発想そのものはおもしろいと思います。

オススメなのは、社会的に好まれるイメージも付加できる組み合わせにすることです。環境に悪いとされているゴルフと、環境への配慮を組み合わせれば、それだけで需要があるかもしれません。

中川「会社役員も「エコルフ」なら環境配慮のイメージもあるから次々に会員になっているよ」

42

売り手と買い手の欲しているものは一致しないが、共通のゴールを探す

KOCHIKAME's Episode

第184巻
「署員食堂の巻」

署員の偏った食生活からから成る体調不良を考慮して、改善措置として署員食堂が導入されることとなった。献立の味付けや内容量に不満の募った両さんは、1種類のみであったA定食に加え、新たにB定食をプロデュースする。そこへさらなる改善を図り、中川が女優に給仕を依頼すると、両さんも負けじとアイドル声優で応戦。その後は結果的に本来の目的から離れ、秋葉原にて個人的な商売として「アニメ食堂」を出店するのであった。

健康がビジネスになる

食事・睡眠・運動は、健康を手に入れるために必須の要素です。どれかが欠けてしまえば不健康になりやすいですし、いずれかだけを頑張ってもあまり効果はありません。大切なのは、バランスを配慮することなのです。

ちなみに、これら３つのポイントは、ビジネスに直結しやすいとされています。やはり、多くの人は健康を求めているものなのです。とくに、ビジネスパーソンとして成功している人ほど、これらの要素を重視し、お金をかけている傾向があります。

どれだけ人間が進化しても、やはり「身体が資本」ということに変わりはありません。両さんのように、人並み外れた肉体をもっている人でない限り、健康への配慮は欠かせません。ライザップを運営する健康コーポレーションが急成長したのも、やはり、健康に対する意識が高まっているからでしょう。もちろん、競争が激しい業界なのでそれだけが理由ではありませんが、そもそも健康に興味がない国では成り立たないビジネスモデルであることは確かです。

警察署にも社員食堂

さて、今回の話では、署員の健康管理が問題となっています。肉ばかり食べているせいで、体調をくずしている男性署員が増えているのです。もちろん、ひとりを除いてですが……。

そこで考案されたのが、社員食堂です。近年、社員食堂を導入するＩＴ企業が増えています。グーグルやマイクロソフトなど、オシャレな社員食堂がある企業も少なくありません。なかには、健康のことを考えてタニタ食堂などを導入している企業もあるほどです。

中川「外食は高カロリーも多く野菜が取りにくいですからね　そこで医療メーカーの考えた食事が注目されたわけです」

このように、会社が社員の健康管理を推進するのにはわけがあります。社員みんなが元気に働いてくれれば、それだけで会社が盛り上がるためです。

売り手と買い手が求めるもの

なかば強制的な社員食堂のように、売り手と買い手が求めるものは、必ずしも一致するとは限りません。喜ぶことと求めることとは、似ているようで違うのです。

しかし、共通のゴールはあるはずです。今回の場合で言えば「健康になること」がひとつのゴールであることは間違いありません。その点を認識させることができれば、目的まで早く到達できるはずです。

なぜこの商品をつくったのか。なぜ多くの人に提供したいのか。その理由をしっかりとわかりやすく説明することが、マーケターの仕事でもあります。ただ、「食べてください」「買ってください」では、だれもついてきてくれないのです。

しぶしぶ社員食堂で食事をした両さんも、本来の目的を忘れ、食べたいものを食べるようになってしまいました。挙句の果てには女優やアイドルを活用したＰＲ合戦まで……。やはり、本来の目的は、伝え続ける必要があるようです。

第6章

Analysis of Kochikame's Marketing

徹底したこだわりがビジネスの成功につながる

43 ビジネスの成功において、「計算力」と「情熱」は表裏一体の関係

KOCHIKAME's Episode

第26巻「両津式貯蓄法!?の巻」

競走馬を買うためにあの両さんが貯金を始めた。食事は1カ月以上カップラーメンのみで過ごし、鉄くずや道端に落ちた小銭を集め、日夜目的達成のために努力を惜しまない。しかし、ギャンブル資金や酒、タバコの費用は生活必需品という認識である。貯蓄法も一風変わって独特である点は、自身も語るように凡人と天才の相違なのであろうか。その天才の性分ゆえ、運よく馬を買える運びになるのだが、購入したのは狙っていた名馬ではなく異母兄弟の馬という少々見当はずれの結果となったのであった。

どこに資金を投入するか

将来の不安を解消させるために貯金をする人は多いかと思います。たしかに、不測の事態に具えて貯金をするのは大切です。ただし、得られた利益をそのまま貯め込んでいるだけでは、企業は成長できません。

そこで必要となるのが、次の投資です。とくに零細企業であるなら、幅広い投資をするのではなく、特定の分野に対して集中的に投資する「**ランチェスター戦略**」が有効です。ゲリラ戦略と言い換えてもいいでしょう。具体的には、限られた兵力の質を高め、資源を効率的に活用するのです。投資先を見つける際に注意しておきたいことは「計算力」です。

「競走馬で実力馬がいるんですよ　こいつは今にハイセイコーをしのぐ名馬になります　私の目にくるいはない！」

両さんのように、直感で投資をする経営者もいます。しかし、ビジネスにおいて論理的な説得力、つまり数字による裏づけは欠かせません。なぜなら、数字による裏づけがなければ、儲かるか儲からないのかの予測がつかないためです。

単なる直感ではなく、数字に基づいて投資先を決めること。そして、使える資金を活用して集中的に投資を行うこと。それが、ビジネスの成功確率を高める秘訣となります。マーケティングにおいても、どこに経営資源を投下するかを決めることは重要なのです。

ゴミクズではなく「鉄クズ」

目当ての馬を買うために、毎日カップラーメンのみという、無謀とも言える節約をくり返している両さん。これを見かねた中川は、両さんと一緒にビンや銅線を収集することに。これらを拾って集めると、現金と交換してもらえるのです。

他人にとってはゴミクズでも、両さんにとってはカネになる鉄クズ。このような発想によって、両さんは小銭を稼ぎ続けます。挙句の果てには自転車までも。

不用品を現金に換えるビジネスという観点で言えば、両さんの発想はリサイクルやオークションに近いものがあります。目的のために、できるだけ現金を使わずにお金を稼ぐ。そのような目的を達成するには、これらはもっとも手っ取り早いのです。

もちろん、お金に換えられるということは、それを必要としている人がいるということ。必ずしもゼロから商品やサービスをつくらなくても、ビジネスは可能なのです。マーケティングの源泉は顧客にとっての価値。底知れぬ体力という両さんならではの強みを生かすには、鉄クズ集めという手法もあながち間違いとは言えなさそうです。

最後は情熱で切り抜ける

さて、両さんの貯金および投資計画は、無理な節制と「倍々貯金」という実現不可能な計画により、頓挫してしまいました。ただし、ここでめげないのが両さん。貯まった1万9000円で勝負に出ます。なんと、馬主に対して直接、交渉することにしたのです。

両さんの情熱、そして無鉄砲さに根負けした店主は、異母兄弟の馬をゆずることになりました。短足でよく食べる、両さんに似た馬だったのですが……。

マーケティングによって人を集め、購買意欲を高め、情熱によって成し遂げる。計算力と情熱は、ビジネスの成功を考えるうえで、表裏一体の関係にあるのかもしれません。

44

スキルを極めることは、付加価値につながる

KOCHIKAME's Episode

第161巻

「ボトルカスタムの巻」

手先の器用さと博識で多趣味な点から、空き瓶を集めてボトルシップを作っていた両さん。そんな才能を見込んで、近所の芸術大学から「ぜひプラモデル科の専任講師に」と白羽の矢が立った。両さんの知識量と技術力が功を成し、あっという間に聴講生まで来る上、テレビ講師まで務めるようになるほどの人気だった。しかし「先生」と呼ばれるような威厳を持っていても、ちゃっかり仕事中にプラモデルを作り始めてしまうところが両さんなのであった。

レモンではなくレモネードを売る

もし、あなたがレモンを手に入れたとします。そして、このレモンを使ってできるだけ多くのお金を手に入れなければならないとなったとき、どうするでしょうか。ポイントは、本来の価値をどれだけ高められるか、という点にあります。

どんなにレモンを磨いても、レモンの市場価格を大きく上回る値段で売買されることはないでしょう。なぜなら、多くの人は市場価格を参考にしてレモンを購入しようとするからです。ではどうすればいいのか。

もっとも手っ取り早いのは、レモネードをつくることです。レモネードをつくるのはそれほど難しいことではありません。しかし、飲み物として提供することで、もともとの量を増やしつつ、付加価値をつけられるのです。

マーケティングにおいては、このような発想が欠かせません。今回の両さんも、不要になった空き瓶をもらってきて、そこに付加価値をつけています。もちろん、もらったものなので原価はタダ。しかし、提供する相手にはしっかりと価値を与えられます。

時代に合わせて商品をカスタマイズ

両さんがつくったのはボトルシップです。ボトルシップをつくるのには高度な技術が必要なので、付加価値があります。レモンがレモネードになったのです。

しかも両さんの場合、ただのボトルシップで終わりません。現代風にアレンジし、なんと、「ボトルガンダム」や「ボトルどきメモ」までつくってしまいました。プラモやフィギュアを汚さずに鑑賞できますし、なにより珍しいので、需要はありそうです。

「日本人の手先の器用さがでてるだろ　左近寺は一万円で買ったぞ!」

とくに、外国人に喜ばれそうな商品です。ターゲットを細かく分け、個別の需要にまで対応すれば、さらに高単価で売ることも可能かもしれません。観賞用として楽しめるので、おみやげとしての需要もあるでしょう。

スキルを活かして先生に

その後、両さんは超芸術大学のプラモデル科講師に選任されます。その技術力が高く評価されたのです。

ビジネスパーソンのなかにも、実務と大学教師という二足のわらじを履いている人は少なくありません。彼らには、ビジネス経験で培われた類まれな知識とノウハウがあるためです。そこには、座学では得られないものがあります。

どのような分野であっても、その道に精通すると、信頼を得られるようになります。そしてその信頼から、教師としての採用につながることがあります。

両さんのように、日頃から特定の分野を極めていれば、いずれは「先生」と呼ばれる日がくるかもしれません。そして人に教えることによって、さらにスキルが高まっていくことも多いのです。事実、両さんの授業は楽しそうな印象があります。

45

適材適所の活用で、人材のパフォーマンスを最大化する

KOCHIKAME's Episode

第137巻

「馬い話には気をつけて!の巻」

仕事中に競走馬の予想屋をしていたとして、部長から警視庁交通課の馬の世話を命じられた両さん。お金儲けへの執着から派生した知識により、元競走馬である馬たちとすぐさま心を通わせる。そして飼育する内に、確かな観察眼と競馬人生の経験則に裏打ちされたデータから馬たちの本質と適性を見抜いた。さらに馬体調整等にも取り組むことによってレースに出場した結果、次々と入賞。思惑通り大金を稼いだのであった。しかし最後は、馬への愛情よりも自分の快楽を優先させたことで馬の怒りを買い、目論見は無に帰すのであった。

観察力と適材適所

ご存知のとおり競馬が大好きな両さん。今回はそんな馬の話です。警察署の厩舎で仕事をすることになった両さんは、引退したすべての競走馬ととっても仲良し。派出所の仕事よりも生き生きと働いています。

馬のことを理解してあげることで、馬たちもどんどん両さんになついていきます。相手のことを理解して、相互に良好な関係を築いていくのは、ビジネスの基本です。

もちろん、両さんのスゴいところはそれだけではありません。すでに引退した馬でも、じっくりと観察することで、新たな活躍の場を見出していくのです。

「長距離であまり活躍できなかったけどジェンエアーは短距離のがむいてたんじゃねぇのか？」

社員の才能を見抜き、適材適所で配置する。そのうえで、実力をフルに発揮させる。その結果、より良い成果が得られます。つまり、パフォーマンスの最大化です。

データで裏づけする

さらに両さんは、直感だけでなく、データによる裏づけも欠かしていません。直感による仮説と、データによる検証は、マーケティングの基本です。両さんは研究をくり返し、ついには「両津メモ」を完成させました。

もちろん、当初は勝てるなんて考えていません。しかし、シャレのつもりでレースに出場させた結果、なんと優勝してしまったのです。賞金は１００万円。まさに、得意を生かしたことで、ビジネスチャンスを見出したのです。

しかも、初期投資がないのでリスクもありません。馬に対して誠実に向き合っていた結果、まるで大馬主のような地位を獲得することができたのでした。また、一頭ずつそれぞれの才能を見抜いているので、有利な条件で戦わせることも可能です。

ブラックにならないこと

最初のうちは、稼いだ金を馬たちに還元していた両さん。企業におけるステークホルダーと同様、しっかりと利益を還元することで、より強固な関係性を構築することができます。社員であれば、さらに成果をあげてくれることでしょう。

ただし、この後がいけません。稼いだお金を、自分の快楽のためだけに使うようになってしまったのです。こうなると、辛いのは馬たち。ハードなスケジュールで働かされてしまうのでした。そしてついに、馬たちのストレスがＭＡＸに。部長にもバレて計画がすべてオジャンになってしまいました。

ブラック企業の問題点もここにあります。短期的には利益をあげることができても、無理に働かせてしまえばスタッフが定着しません。そうなると、企業における最大の資産である人材が育たず、経営が行き詰まります。

どんなに利益が出ていても、初心を忘れない。そして、スタッフとともに成長していく。そのような姿勢がなければ、どんなビジネスもうまくいかないのではないでしょうか。

46

ニーズのあるところで売るのは王道だが、モラルやマナーは必要

KOCHIKAME's Episode

第80巻「両津リサーチ会社の巻」

視聴率の算出の仕組みがリサーチ会社のマスターサンプルによるものだと知った両さんは、視聴率を操作しテレビ局に売りに行くことを思いつく。そして見事なリサーチ力と900世帯にも及ぶ配線を一瞬で可能にし、テレビ会社をはじめとしたマスコミを大いにおどらせてしまうのであった。ところが無数の配線による無理がたたり、コンセントが発火。個人が視聴率を操っていた悪事もばれて逮捕されてしまうのだが、両さんが捕まったニュースの視聴率が史上最高だった点は最大の皮肉である。

メディアが求めているもの

テレビをはじめとするマスメディアのビジネスモデルは、その多くが「広告モデル」です。広告モデルとは、スポンサー企業からお金をもらいつつ、広告を掲載することで成り立っているビジネスのことです。

そうなると、どこでメディアは評価されることになるのでしょうか。そう、いわゆる「視聴率」で評価されます。つまり、どれだけたくさんの人が視聴しているかによって、影響力および交渉力が高まる仕組みになっています。

マイケル・ポーター教授が提唱した「**ファイブフォース分析**」によると、業界の収益率は「**新規参入業者**」「**代替品（間接競合）**」「**供給業者**」「**買い手（顧客）**」「**競争業者（直接競合）**」の5つによって決まるとされています。ここからも、テレビCMが高単価な理由がわかります。

新規参入業者はほとんどおらず、間接競合もほとんどない（インターネット広告が徐々に成長していますが、BtoCでの影響力ではおよびません）。波及効果が大きいので交渉力が強く、供給業者が限られているので競争は他のテレビ放送局だけとなります。

今回は、そんなテレビの視聴率に両さんが挑戦しています。

ブラックボックスに挑戦する

テレビの視聴率、その具体的な調査方法については、あまり周知されていません。とくに、どの世帯に測定器が設置されているかは極秘です。なぜなら、放送局の評価基準である視聴率が操作されてしまうからです。

両さんはその点に着目しました。なんと、視聴率の測定器を後輩の法条から奪い、テレビ局に売ることにしたのです。たしかに、テレビ局は視聴率を欲しがっています。ただ、これでは不正になってしまうのですが……。

ニーズがあるところに商品を売るのは王道です。どんなに優れた商品でも、売れなければ商売にはなりません。その点、両さんの発想はマーケティング的には間違っていないのですが。両さんに不正という概念はないようです。

「お前のデータなど必要ない！　わしならこのデータを生かす事ができる！」

モラルやマナーも大事

視聴率のようなブラックボックスに挑戦することは、新しいビジネスチャンスを生み出すことにつながります。だれもがチャレンジしていない分野であるだけに、ブルーオーシャンを獲得できる可能性があるのです。

ただし、ビジネスはルールの範囲内で行わなければなりません。視聴率を売ろうとする両さんも、それをいいことに視聴率を買おうとするプロデューサーも、とても褒められたものではないのです。

最終的には、1％1万円で視聴率を売買する両さん。配線と機材をそろえ、操作しようとするのですが。これでは、コンピューターウイルスと変わりません。

ビジネスは、もうけることだけでなく、モラルやマナーにも配慮しなければなりません。そうしないと、いずれは社会から後ろ指をさされてしまうのです。注意しましょう。

47 顧客の要求に対し、〝期待以上〟に応えられれば、競争優位となる

KOCHIKAME's Episode

第83巻 「おそ松くんカー!?の巻」

浅草で一番「おそ松くん」が上手と言われるほど漫画が得意な両さんは、中川の友人である男性にある依頼を受ける。それは、世界で限定10台、24金メッキ、価格10億円のロールスロイスにおそ松くんのペイントをして欲しいというものであった。しかも顔1個につき1万円という高価な報酬が出ると聞き、細かな部分にまで描きこむ職人のような努力をした。見事3333万円の大金を得た両さんだったが、1日ですべて使い切ってしまい、残ったのは目の疲れだけなのであった。

最大限の価値を提供する日本企業

日本でマーケティングの概念が広まりはじめたのは、「もはや戦後ではない」という言葉が誕生した１９５６年ごろとされています。しかし、概念があいまいなこともあり、マーケティングが日本企業に定着するのにはかなりの時間を要しています。

その証拠に、現代においても、マーケティングを軽視している企業は少なくありません。たしかに、マーケティングを実践しても、すぐに売り上げが伸びるわけではありません。売上至上の会社はそれを嫌がるのでしょう。ホームページやソーシャルメディアの活用と同様に、あくまでも土台となるものなのです。

ただ、日本企業がマーケティングを不得意としているかと言うと、そうでもありません。低価格、高品質、効率化など、競争優位を確立するための施策は、むしろ得意としています。そして何より、つねに最大限の価値を提供しようとする姿勢は、世界からも評価されています。

さて、両さんが今回の話で取り組んでいるのは、「おそ松くん」のイラストです。熱狂的なファンが、おそ松くんのイラストをクルマにペイントしてほしいと依頼してきたのです。現代で言うところの「痛車《いたしゃ》」ですね。

徹底的にこだわりぬく

両さんもまた、依頼者である与野中金太のために、最大限の価値を提供しようと努力しています。もちろん、お金のためではありますが。ペイントの価格はおそ松くんの顔1個につき1万円。先方の要望は300個以上です。

なんと両さんは、400個のペイントを一気に描き上げてしまいました。要した時間は3日。何も食べずに描き続けています。この執念はさすがです。寝ながら手だけは動かし続けています。

しかも両さんは、一つひとつのイラストに手を抜こうとはしません。ボンネットの裏など、見えないところに飾る江戸っ子ならではの粋も表現しているほどです。このように、徹底的にこだわりぬくことは、顧客の満足につながります。

与野中「室内もおそ松くんがギッシリ！　表情がひとつひとつ違う！　すばらしい！　これこそカスタムカーの頂点だ！」

やりきる力で他社を圧倒する

厳しい要求や納期に対して、「無理だ」「できない」と断るのは簡単です。しかし、そこでやりきる力を発揮すれば、それが他社と比較した場合の競争優位につながります。そして、見えないところまでしっかりと作業すること。期待を超えるクオリティで仕上げること。そのような地道な努力が、口コミやリピート、ファン化へと発展するのです。そうなると、売り上げは自然に伸びていきます。

言われたことを言われたとおりにしかやらなければ、評価は伸びません。これは、企業にも個人にも言えることです。動機はともかく、ぜひ、両さんのやりきる力を見習いましょう。

48

「啖《たん》呵《か》売《ばい》」に学ぶ、〝コンバージョン〟の極意

KOCHIKAME's Episode

第63巻

「わが町・上野の巻」

中川と夜勤明けのドライブに出かけた両さん。子供時代の思い出を語りながら幼少期を過ごした上野を巡るうちにアメヤ横丁に辿りつく。歩き回る内、アメ横でも商売人の魂が疼き、タコのおもちゃを売り始める。すると、やはり客の流れを変え、その道のプロを凌ぐほどの売れ行きを見せるのであった。そうこう過ごしていると偶然買い物に訪れていた麗子にも出くわし、3人は残りの休日を過ごしに夕日の暮れる浅草へと出掛けていくのであった。

「啖呵売」とは

「「啖呵売」ってのはあのように啖呵を切って売るんだよ　どんな品でも客に納得させて買う気をおこさせる！」

アメ横をおとずれた両さんは、ひょんなことから啖呵売を実演することに。しかし、そこはさすがの両さん。まったく売れなかった商品でも、あれよあれよと売りさばいていきます。

そもそも啖呵売とは、たくみな話術で客を楽しませ、気分をよくさせたうえで販売する手法のこと。同じ商品なら、少しでも気分がいいときに買いたいと思うのは自然なことです。その雰囲気を、店員が自らつくってしまうのです。

啖呵売は「叩き売り」とも言われるとおり、その場でどんどん値段を下げていきます。そうなると、もはやお客さんは断れません。とにかくその場で売り抜けるところにポイントがあるのです。お客さんを逃がさないという考え方は、マーケティングにつながるところがあります。

客を逃がさないテクニック

啖呵売のテクニックを、ECサイトで考えてみましょう。サイトの最終的なゴールは、ユーザーに商品を買ってもらうこと。つまり**コンバージョン**です。そのコンバージョンを目指して、さまざまな施策を講じています。

たとえば、残り時間が記載されたタイムセール。買おうかどうしようか迷っているときに、残り時間が記載されていると、つい「いま買わなきゃ」という気持ちにさせられるものです。選択を迫られるということです。

また、オススメ商品を紹介する「レコメンド機能」も似たような効果があります。特定の商品を売ることはできなくても、そのサイト内で商品を買ってもらうために、レコメンド機能は有効です。

このように、啖呵売の基本テクニックである「客を逃がさない」というポイントを理解しておけば、ビジネスはより加速します。マーケティングを実践する場合も、顧客の心理に即して考えることで、より効果的な施策を考案することができるのです。

経営の基本は一気通貫

両さんの啖呵売テクニックによって、次々と商品が売れていきます。それだけでなく、客の流れすら変えてしまいました。このように、購入してもらうための雰囲気づくりもまた、マーケティングの一環です。

どうすれば気持ち良く買ってもらえるか、どうすればこの場で意思決定をしてもらえるか。そのような発想でマーケティングを行うことで、どのような商品やサービスであっても売ることが可能となります。

あとは、せっかくつくった空気感を壊さないために、経営理念、経営計画（中期、年間）、営業計画（売り上げ目標）、広告宣伝販促計画・マーケティングなどを、一気通貫で整えていくこと。

統一感を保つことで、オリジナルのカラーが生まれてくるのです。

49

細部まで気を配り、品質、デザイン、雰囲気にこだわる

KOCHIKAME's Episode

第136巻

「亀有レトロタウンの巻」

亀有商店街の町おこしの責任者に大抜擢された両さん。昭和30年代の景観を再現し、細部までこだわったイメージが大反響を呼び、マスコミにも大きく取り上げられた。そして、「亀有レトロタウン」は下町の新・観光地となったのであった。町おこしの大成功により、ノスタルジックタウンを手掛ける下町プロデューサーとして各地で依頼が殺到した両さんは、大原部長の知人の依頼も受けることに。しかし、様々なニーズが飛び交い対応するも、住民から苦情が上がり、部長からもお叱りを受けてしまうのであった。

交渉の基本は「交換条件」

お金の使い方はともかく、両さんのビジネスセンスは多くの人から認められています。今回の話も、そんな両さんのビジネスセンスを生かして、商店街を活性化しようというものです。

ただし、両さんは商店街のみんなに借金があります。その額、合計で１００万円ほど。協力を要請された両さんは、条件として、借金をチャラにすることを提案しました。

両さんには、タダで協力しようという発想はありません。むしろ、自分の能力が買われていることを見越し、自らをコンサルタントのようなスタンスにおいたのです。その結果、立場的に弱い商店街のみんなは、この条件を飲むほかありませんでした。

もちろん、実績があがらなければ意味がありません。コンサルタントの報酬は成果ベースで支払うのが基本です。両さんもその点は理解しているようで、交渉がうまくまとまりました。

神は細部に宿る

「都会のマネして対抗しようとしても絶対かなわん！　予算もなく中途半端な町になる！」

たしかに、地方が都会のマネをしても面白味はありません。むしろ、その地方ならではの良さを取り入れて、オリジナルの魅力を提案しなければ、客は戻ってこないのです。では、具体的にどうすればいいのでしょうか。

「逆の発想で昔に戻るんだ」

両さんが着目したのは、昔ながらのゲームセンターや駄菓子屋です。古さをマイナスにとらえるのではなく、独自の価値として活用することで、街の活性化につなげることにしたのです。必要な道具類も、リサイクルなら費用がかかりません。

そして両さんは、「神は細部に宿る」と言わんばかりに、徹底的に街を改造していきました。

プロデューサーとしての認知へ

「昭和30年代になった街」というコンセプトが受け、亀有レトロタウンは新しい観光地になりました。両さんの狙いはズバリ、的中したのです。

そして、「下町プロデューサー」としてマスコミにも取り上げられた両さんには、ノスタルジック創設者として依頼が殺到。見事、ひとつの成功事例を、次につなげることに成功しました。

過去の実績を次の仕事につなげる手法は、個人ブランディングの王道です。自分自身をマーケットに最適化することができれば、仕事が途切れることはありません。

とくに、個人の働き方が変わりつつある現代においては、両さんのようなしたたかさが、必要なのかもしれませんね。

50 ライフタイムバリューとマーケティング

KOCHIKAME's Episode

第70巻

「花咲か両さんの巻」

胡蝶蘭が1鉢3万円という高値で売れることを知って栽培を始めた両さん。温度調整、害虫除け、株分けなど寝る間も惜しんで丹精込めて栽培した蘭は、両さんの努力の甲斐あって50鉢が綺麗な花を咲かせた。しかし、いよいよ出荷を迎えたその日、欲張って鉢を運んでいた両さんに悲劇が起こる。なんと、あまりの重さに束の間の休憩を取ろうと手を置いたリヤカーが鉢を乗せたまま一目散に階段を転げ落ち、大惨事になってしまったのであった。あまりのことに蘭につけた名前を呼びながらひたすら悲しむ両さんであった。

たくさん作ってたくさん儲ける

薄利多売という言葉もあるように、ビジネスの基本は「たくさん作ってたくさん売る」ことにあります。ひとつあたりの収益がどんなに大きくても、数をこなさなければ継続的なビジネスにはなり得ません。

そもそもビジネスは、時間軸と空間軸で考える必要があります。

時間軸とは、過去・現在・未来のこと。時間の流れに応じて、顧客からどのような収益を得られるのかということです。いわゆる**LTV（Life Time Value 顧客生涯価値）**への配慮ですね。そして、空間軸とは、どのような場所および範囲で販売し、いかに収益率を高められるかということです。他店舗展開からデリバリー、インターネットでの販売など、それぞれの特性を考慮してビジネスを進めることが大切です。

今回の両さんは、とくに多売を意識してビジネスを展開しています。その商材とは、部長がもってきた胡蝶蘭。中川から3万円ほどで売られていると聞き、そこに商機があると考えたのです。

「花が一本一万円てことは……10本で10万円…100本で100万円…か」

支出と収入の関係(売上－費用＝利益)

もっとも、両さんのように単純な計算をしていては、ビジネスとして成り立ちません。商売を考える際、絶対に考慮しておかなければならない数式があるのです。次のとおりです。

売上－費用＝利益

この単純な公式が、商売におけるすべての基本です。あとは、使える時間と労力を加味して、採算が合うかどうかを見極めるだけ。どんなに複雑にみえるビジネスでも、この公式を当てはめれば、その可能性がわかります。

両さんの場合、時間と体力はたっぷりあるようなので、その点は問題ないのでしょうが……。

自らの商品を愛すること

部長から胡蝶蘭を育てるテクニックを聞き出した両さんは、さっそく育てはじめました。もちろん、最終的には売るためのものなので、とにかく数を増やすことを目的にしています。

しかし一方で、一つひとつの花に名前をつけるなど、愛情を注ぐことも忘れていません。そう、自分が取り扱う商品を愛するというのは、マーケティングにおいてもっとも大切な要素なのです。なぜなら、その愛情が商品を育て、顧客にも伝わるからです。

子ども、ネコ、カラス、戦車、地震、台風、竜巻。あらゆる障害から胡蝶蘭を守ろうとする両さん。無事に出荷の日を迎えることができました。その数、なんと50鉢。

仕入れ値は40万円とのことなので、1鉢3万円で50鉢すべて売れた場合、110万円の収益となります。そこから資材や肥料代を差し引いたものが両さんの取り分です。胡蝶蘭の販売は、案外、堅実な商売なのかもしれません。

おわりに

このエピローグを、亀有公園で書いています。

たくさんの子供たちが「りょーさん！」「りょーさん！」と声をかけながら、枯葉を公園内に設置されている「両さん像」の頭の上に乗せて遊んでいます。

公園の周囲を見渡せば、40年前も確実に存在したと思われる古いお店や建物が立ち並んでいる一方、公園の4分の1を日陰にしてしまう高層マンションなど、近年にできた新しいものが相まって、現在の町を作っています。

その新旧がマーブルのように入り混じった町を舞台にして時代や時間が進み、私たちはその流れに乗ってビジネスをし、人生を送っています。

現在は時間の流れがとても速く、つい最近まで「新しい」「良い」とされていた考えやビジネス、商品、アイデアが、あっというまに「古い」「良くない」と真逆のレッテルを貼られてしまいます。

このような世の中に生きている消費者に対し、売り手側は必死に追いつかなければなりません。そのことを考えるとき、これからの時代は売り手がマーケットや流行を先回りして仕掛けることは難しくなり、消費者が進むのと同じ速度で共に歩き、ヒントをもらいながら新しいビジネスを見つけ出すしかないのかもしれません。その意味では、マーケティングの概念さえも、次の瞬間には「古い」とレッテルが貼られてしまう可能性があり、一刻を争うほど早く、新たな手法を生み出す必要がありそうです。

しかし、いかなる時代も、そしていかなるスピードの社会においても、変わらない1つの事実があります。

それは、「利益を生まなければならない」という事実です。

このことがある限り、まだまだ両さんに学ぶべきことはありそうです。そして、このことがある限り、まだまだ私たちにもたくさんのビジネスチャンスが訪れそうです。

それにしても、公園で文章を考えるには、寒い日を選んでしまいました。身体を暖めようと購入したコーンスープの缶にふと目をやると、こんな2文字が記載されていました。

「特濃」。

しぶとくて、存在感、重厚感のありそうな言葉が、両さんの姿と重なります。

このコーンスープや両さんのように、濃厚な仕事をやり、そして濃厚な人生を歩みたいものですね。

マーケティングも同じことです。しぶとく、消費者のことを考えて考えて考えまくる。自社の商品のことを好きになりまくる。マニアになるほど徹底して分析しまくる。するると、今まで見えていなかったヒントがようやく1つ、舞い降りてきます。

あなただけのビジネスチャンスの到来です。

濵畠　太

【著者紹介】

濵畠 太（はまはた・ふとし）

ノンフィクション作家（ビジネス書、自己啓発書）、マーケター
本田技研工業傘下の鈴鹿サーキット、明治4年創業の老舗食品メーカー「柿安本店」を経て、現在は大東建託に在職。いずれも商品開発・広報・宣伝・マーケティング関連部門を担当。2013年より、企業に所属しながら作家活動を開始。著書は自らの本職をテーマにしたマーケティング関連書籍と、働き方をテーマにした自己啓発関連書籍の2つに分けられる。ただし双方とも「自らの意志を貫く」ことの重要さを強く訴えるものとなっている。日本史に造詣が深いためビジネスと歴史上の人物を掛け合わせた著書やセミナーも多く、近著はNHK大河ドラマの主人公を題材にしている。また、官庁の観光誘致、大手企業の商品開発など多くのプロジェクトへ参加。 企業や学生を対象にした研修、講演のほか、大規模な異業種交流会の主催なども行っている。テレビ東京「ワールドビジネスサテライト」ほか、メディアにも多数出演。マーティング従事者約1,000名からなる日本最大級のマーケティング勉強会『商品開発の会』幹事、ものづくりセミナー『山手会』幹事。

主な著書に『小さくても愛される会社のつくり方』『わさビーフしたたかに笑う。業界3位以下の会社のための商品戦略』（明日香出版社）、『20代でつくる、感性の仕事術』（東急エージェンシー）、『ぶれない意見のつくりかた　千利休・自分らしく働くための11作法』（誠文堂新光社）、『もし真田幸村が現代に生きていたら　「成し遂げる」人になる10の条件』（カナリアコミュニケーションズ）、『遠州の女城主・井伊直虎　35の選択』（静岡新聞社）、『ヒット商品を生み出す最良最短の方法』（こう書房）など。

「こち亀」の両さんのビジネスをマーケティング的に分析してみた

2017年1月9日　初版発行

著　者　濵畠 太

発行者　野村直克
発行所　総合法令出版株式会社
〒103-0001　東京都中央区日本橋小伝馬町 15-18
ユニゾ小伝馬町ビル9階
電話 03-5623-5121（代）

印刷・製本　中央精版印刷株式会社

落丁・乱丁本はお取替えいたします。

ISBN 978-4-86280-535-5
総合法令出版ホームページ　http://www.horei.com/